A R D

Wall Street

The Other Las Vegas

金融市場はカジノ

ボックス理論の神髄と相場で勝つ方法

by Nicolas Darvas

ニコラス・ダーバス［著］ 長尾慎太郎［監修］ 山口雅裕［訳］

Pan Rolling

Wall Street : The Other Las Vegas
by Nicolas Darvas

監修者まえがき

本書は、伝説の相場師ニコラス・ダーバスの著した〝Wall Street : The Other Las Vegas〟の邦訳である。ダーバスの著書としては、〝How I Made $2,000,000 in the Stock Market〟があまりにも有名で、日本でも『私は株で200万ドル儲けた』として二〇〇三年にパンローリングから出版されている。前著がダーバスの自伝かつ「ボックス理論」の技術解説書であったのに対し、本書は取引所を含む証券業界の本質は一般の人からカネを合法的に巻き上げるカジノであると喝破したうえで、そのなかで生きていく（投資家として勝ち残っていく）ための考え方や戦術を説いたものである。

ダーバスは株式相場師として波乱の生涯を生きた。彼はもともとプロのダンサーで、株式市場とは縁のない生活をしていたが、偶然のきっかけから株式の売買に足を踏み入れることになる。そして、素人が陥る典型的な失敗を多く繰り返し、破産の危機に瀕すること二回、ついに独自の投資手法である「ボックス理論」を編み出し、わずか一八カ月で当時の金額で二〇〇万ドルを稼いだのである。

本書の原書が発行されたのは半世紀以上前になるが、「いくらキレイごとを言っても取引所はしょせんカジノである」という彼の見方は、現在でもまったくもって正しい。それを否定する人は、知的に不誠実な人間か詐欺師、あるいはモノを知らないナイーブな関係者だけだろう。もっとも、私たちにとってカジノは、お金を儲けに行くところではなく、賭博性のあるゲームそのものが目的で行くところである。だから、カジノを出るときに財布がカラになっていたとしても、賭けを楽しんだ代金としては妥当であるし、初めからそのつもりで自ら客になっているわけだから問題にはならない。これはほかのギャンブル、例えば競馬や競艇、宝くじなどでもまったく同じだろう。

だが、株式市場の場合はどうだろうか。もちろん株式の売買そのものを損得抜きでゲームとして楽しんでいる参加者もけっして少なくはない。一方で、本当に株式投資で資産形成をしたいと考える人も少数派だが存在する。後者の人たちにとっては、本章は文字どおり必読書である。末永く多くの真摯な投資家に読み継がれることを願うものである。

長尾慎太郎

二〇一九年二月

目次

【編集部注】

ダーバスが売買していた当時は、株価の価格は分数表示でしたが、より分かりやすくするために、本書では以下のように小数点表示にしました。

1/8　○・一二五	5/8　○・六二五
1/4　○・二五	3/4　○・七五
3/8　○・三七五	7/8　○・八七五
1/2　○・五	

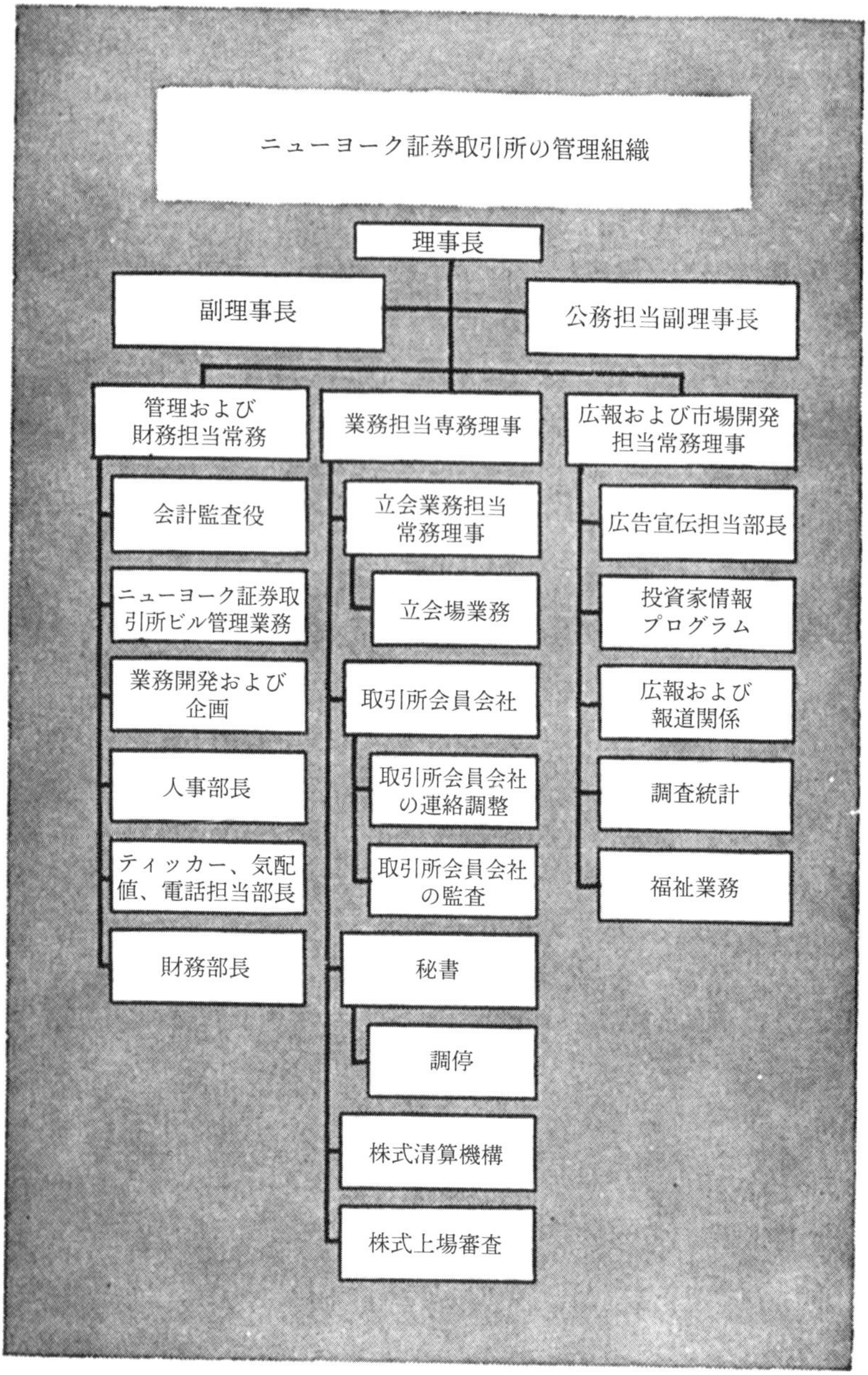
ニューヨーク証券取引所の管理組織
理事長
副理事長
公務担当副理事長
管理および財務担当常務
業務担当専務理事
広報および市場開発担当常務理事
会計監査役
ニューヨーク証券取引所ビル管理業務
業務開発および企画
人事部長
ティッカー、気配値、電話担当部長
財務部長
立会業務担当常務理事
立会場業務
取引所会員会社
取引所会員会社の連絡調整
取引所会員会社の監査
秘書
調停
株式清算機構
株式上場審査
広告宣伝担当部長
投資家情報プログラム
広報および報道関係
調査統計
福祉業務

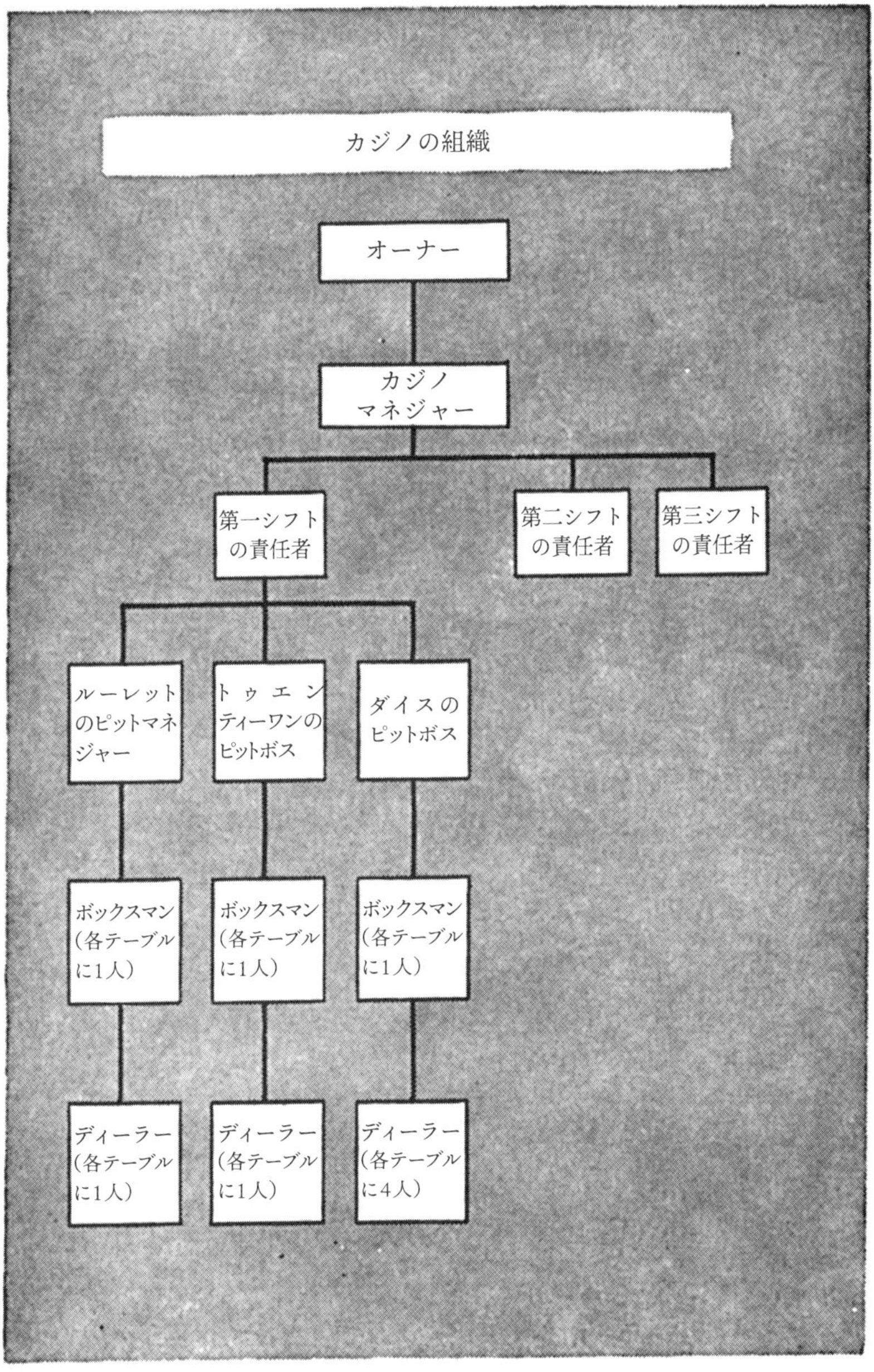
オーナー
カジノ
マネジャー
第一シフト
の責任者
第二シフト
の責任者
第三シフト
の責任者
ルーレット
のピットマネ
ジャー
トゥエン
ティーワンの
ピットボス
ダイスの
ピットボス
ボックスマン
（各テーブル
に1人）
ボックスマン
（各テーブル
に1人）
ボックスマン
（各テーブル
に1人）
ディーラー
（各テーブル
に1人）
ディーラー
（各テーブル
に1人）
ディーラー
（各テーブル
に4人）

カジノの組織

序文

私は一〇年前に初めて株を買った。そしていくら儲けたかを四年前に計算してみた。私は株式相場で二〇〇万ドルを稼いでいた。

そのことについて本を書いてほしいという依頼が出版社からあり、私はそれに従った。

『私は株で200万ドル儲けた』（パンローリング）は四〇万部以上売れた。

本の反響は非常に大きく、AMEX（アメリカン証券取引所）が規則を変える原因になった。

私はウォール街で最大手の証券会社の一つから、ダーバス投資信託を作ろうと誘われた。

このことを喜ばしく思わないほかの証券会社は、政治的な野心を抱くニューヨーク州の司法長官に私の「調査」をするように勧めた。結局、これは彼に対する名誉毀損の訴えを私が取り下げて、私がブローカーとして働かないことに同意して幕引きとなった。

私のところにはこれまでに何千通もの手紙が送られてきている。ほぼすべての人が耳寄り情報やアドバイスを求めていた。私は彼らに言い続けた。「どうすればあなたがお金を儲けることができるかは、必ずしも私に分かるわけではありません。私に分かっているのは、自分がどうやって儲けたかと、今後も儲け続けるにはどうすればよいかだけです」。すると、出版社は株式市場での経験と観察について二冊目の本を書かないかと提案してきた。

私はその提案を受けることにした。一〇年以上前に株式市場に足を踏み入れて以来、私はお金を儲ける以外のことも学んできたからだ。

距離を置いて観察すると、あるがままのウォール街が見え始めた。そこは、一方にディーラーやクルーピエ（お金を配分する係）や予想屋がいて、もう一方に勝ち組とカモがいるカジノだった。私は勝ち組の一人だったし、これからも勝ち組で居続けようと強く思っていた。私はこの巨大な第二のラスベガスの仕組みやそこで働く人々、そこに渦巻く俗説や謎について知り始めた。

私は確率を計算してリスクを減らす方法を学んだ。そして、これは世界最大のカジノで賭けをした私の話だ。
それでは、カジノに入ろう……。

フランス・パリのジョルジュサンク通りより
ニコラス・ダーバス

第1章 カジノ

場面はニューヨークの高級ホテルの一つ、プラザホテルの込み合ったオークルーム。日付は一九六二年五月二八日。夕食前のカクテルの時間だった。外からはセントラル・パーク・サウスをヒールをコツコツと鳴らして歩く音が聞こえてくる。通りは車が激しく行き交っている。部屋では人々がにぎやかに会話をしている。私は奥のお気に入りのコーナーに一人静かに座って、プランターズパンチをすすりながら、ちょっとした暗算をしてみた。テーブルに置いていた新聞の端に金額を書いて、それを明るい青のインクで丁寧に四角に囲んだ。

二四五万ドル！

ほぼ二五〇万ドルだ。信じられないことだが、これは私がウォール街でわずか七年で稼いだ金額だ。しかも、その大部分の二二五万ドルはほんの一八カ月で手にしたのだ！　それはほとんどあり得ないことに思えた。

もう、百万長者だということに慣れてもよいころだ。私はすでにウォール街の経験を本にまとめていて、それはベストセラーになっていた。タイム誌の記事やウォール街で権威あるバロンズ紙ではうってつけの宣伝材料として使われていた。高級誌は株式市場の「天才ダンサー」という漫画を載せていた。コメディアンやコラムニストや解説者も私を取り上げていたし、私の著書の売り上げも驚異的だった。そのおかげで、ニューヨークのラテン・クオーターにも、ロサンゼルスのココナッツ・グローブにも、私のダンスを見に来たことのない人々が私のことを知っていた。

それは魅力的で素晴らしいゲームだったし、印象に残る面白い出来事もあった。例えば、ルーベンスというカクテルラウンジで小銭がないことに気づいて、バーテンダー主任のウォーレンに七五セントのチップを渡す代わりに、株についての情報を教えた。それはオートマティック・キャンティーンについてだった。彼はそれを三一・六二五ドルで買って四〇ドルで売り、八〇〇ドルほどの利益を得た。なかなか良い情報ではないか！

さらに、私は論争も巻き起こしていた。専門家の経済学者ですら足を踏み入れるのをためらう株式市場に、プットやコールの意味すら知らないダンサーという私のような素人が飛び込んで、勝って二〇〇万ドルを儲けるということが本当に可能だったのだろうか、という論争だ。

それは可能だっただけでなく、実際に起きたことだ。そして、ほかに起きたこともある。AMEX（アメリカン証券取引所）は規則を変更して、ストップロス（損切りの逆指値）注文の使用を停止した。これは明らかに、「リーダーに続け」、あるいはこの場合、「ダンサーに続け」というやり方を試みるトレーダーたちを押さえ込むのが目的だった。

しかし、これらはすべて過ぎ去ったことだ。一九六二年五月の夕方にオークルームで席に着いていたときに私の記憶を呼び覚ましたのは、儲けた額を小ぎれいに書いたばかりの新聞の一面のほうだった。そこで私が本当に思っていたのは、「ダーバス、お前は本当に運が良いやつだ」ということだった。

それはたまたま銀行にお金を預けていたからだけではない。もっときわどいことが起きていた。私の目に飛び込んできたのは、ニューヨーク・ポストの一面の大きな黒い文字だった。

株価、暴落す
三〇年間で最悪の売りの急増

この見出しはウォール街史上で最大かつ最長の強気相場の終わりを告げていた。この見出しは、自分がギャンブルをしていることにさえ気づいていない二〇〇万人の小口投資家に災いをもたらした。一九六二年の暴落の初日に何千もの口座が吹き飛んだ。それは一九二九年の暴落が再び起きたかのようだった。

しかし、五月の暴落は、NYSE（ニューヨーク証券取引所）の大引け後にニューヨーク・ポスト紙が一版で示唆していたよりもさらに大きかった。私が調べたところでは、その日一日で二〇八億ドルもの価値が失われて、一週間以内に四〇〇億ドルもの価値が失われていた！

しかも、それは始まりにすぎなかった。小反発のあと、下げ足はさらに速くなった。IBMのように株価が六〇〇ドルの優良株でも、多くは六月になるまで底を打たなかった。私が話を聞いた人々の持ち株はまだ元の株価に戻っていなかった。

アルプス山脈の雪崩のようにすさまじい売りで株式市場は揺れ、ブローカーたちでさえ破産していた。しかし、私は座ってしゃれたお酒を味わいながら、新聞の見出しを落ち着いて見ていられた。どうしてかと言うと、これは注目に値する事実だが、私はずっと前に株式相場から手を引いていたからだ。

私は、最後の証券口座を四カ月以上前に閉じていたのだ！

それは考えるに値することだった。偶然の一致ではなかった。たまたま、そうなったわけではない。とは言え、私が予言者だと主張することもできない。水晶球占いも、お茶の葉占いもしていない。秘密のチャートやグラフからの警告や、ウォール街のインサイダーからの情報を受け取っていたわけでもない。

実のところ、個人としての私、ニコラス・ダーバスが五月の暴落を予想できたかどうかでさえ重要ではなかった。

私はすでに一二月には暴落が近づいていることに気づいていた。そして、自分の手を動かすこともなく、自動的に保有銘柄を処分し始めていた！

耐えがたいイチかバチかの決断をする必要はなかった。私は自分で考案した「ボックス」システムを使うようになっていたが、それに注意深く合わせて置かれたストップロス注文が私に代わって決断していたのだ。相場の流れに逆らって、ふるい落とされたあとにしつこく買い直しても、下げ始めると再びストップロス注文によって自動的に安全装置が働き、またふるい落とされた。

それで、ウォール街で最後に賭けてから四カ月半後に、私はオークルームのいつもの席に着いて、ニューヨーク・ポストを読んでいたのだ。そこには、ウォール街というビッグホイール（カジノゲームの一つ）でまたダブルゼロが出て、賭け金が没収された、と書かれていた。インサイダーたちは今度もチップを大幅に安くかき集めていたのだ。一般投資家たちはまた、ウォール街の暴落で被った損失にあわてふためいていた。

私は満足感を味わっているのではなかった。実のところ、ほっとしていたのだ。自分のチップを回収してウォール街から離れていたからだ。これを幸運と思わない人がいるだろうか。だが、私は巨大なカジノ――証券取引所を私はそう見るようになっていた――でプレーをしている仲間たちのことも考え始めていた。

彼らは何が起きているのか、理解したのだろうか。これがゲームだと分かっているのだろうか。これは勝負事なんだと。勝つためにはプレーをする必要があるが、負けたときの備えもしておく必要がある。彼らはこの楽しみが経済的に大打撃を受ける可能性もあると理解していただろうか。

私は株式市場で自ら賭けるまで、これらの問いについて考えることすらなかった。だが、今では分かっている。ギャンブルはしたものの、負ける余裕はない何百万人もの人々にとって、暴落がいかに深刻なものかを。そこで、私自身が経験したことをありのままに伝えたいと思った。モンテカルロよりも巨大で、ラスベガスも色あせて見えるこの華やかなカジノについて説明したいという衝動に駆られたのだ。私は自らの経験を語りたかった。それこそが真のウォール街――プロが賭けるカジノであり、賭けに負けた人々や勝った人々（実際はトレーダーたち）であふれる場――を明らかにする方法だと思った。

ＳＥＣ（証券取引委員会）の最近のリポートによると、アメリカには約一七〇〇万人の株主がいる。だが、この数字は誤解を招きやすい。

第一に、株を持っているだれもが市場に「参加」しているわけではない。ほとんどは参加していない。株主は大きく二種類に分けることができる。一種類は私のように株式を売買する人々だ。もう一種類はたまたま株式を蓄えとして保有している人々で、そのほとんどは少額の株主だ。こちらには次のような人々が含まれる。

ゼネラル・エレクトリックのような大手企業で働く数百万人。彼らはわずかばかりの自社株を通常は割安で購入して保有している（会社側からすれば、これはうまい労使関係作りだが、あとで見るように、株式市場にとっては大した違いはない）。

収入を通常は定年以降にまで先延ばしにして、税金の支払いを免れる手段としてストックオプションを利用する経営陣。

先見の明がある叔母から少数の優良株を運良く相続して、定期的に配当金を受け取る人々。一部の経営陣を除いて、これらの人々はトレードをしない。彼らは株をめったに買わないし、本当に困ったときを除いて持ち株を売ることもめったにない。私はこの種の知人を思い浮かべることができる。読者もおそらく同じだろう。

例えば、私はパン・アメリカン航空に勤めている女性を知っている。彼女は自社株を一〇〇株持っている。最近、パン・アメリカン航空がトランス・ワールド航空と合併するかもしれないという話があったせいだろう。この株はここ数カ月で初めて少し上げ始めた。彼女が買ったときは二〇ドルだった。今年の一月には約二七ドルになっていた。それが突然、上げ始めた。三二ドルまで上げたとき、私は彼女に売って利益を取ろうと考えているのか、と尋ねた。

「そんなことしないわ。ときどき、ちょっとした配当金が入るのよ。それに、ここで働いているかぎり、パンナム株を持っているのはいいことよ」と彼女は言った。

しかし、時にはお金よりも思い入れのほうが強いこともある。すでに述べたように、株式を保有している人すべてが実際に株式市場に「参加」しているわけではない。

私のもう一人の友人は、奥さんが叔父から相続した株式をどうすべきか尋ねに来た。その銘柄は何だったか。シボネーという石油掘削会社で、キューバで石油と天然ガスのリースをしていて、ＡＭＥＸに上場していた。

残念ながら、その株は一九五七年に買ったものだった。それはカストロ政権の誕生前ということだ。現在では、この銘柄の株価は二五セントで、買い手はほとんどいない。

これが市場に事実上参加していない約一七〇〇万人の株主のもう一つの例だ。

おそらく、このような人々がアメリカの会社で株式を保有している人々の大多数を占めるだろう。彼らは株式を買いも売りもしない。儲けたくて賭けることもない。そして、ウォール街にとって最も重要なことだが、彼らは手数料を支払わない。彼らはときどき、配当を受け取るが、そうでない場合はすでに述べたように、単に株式を保有しているにすぎない。

しかし、証券会社と本書が基本的に関心を持っているのは、手数料を払ってウォール街でお金を儲けようと思っている人々だ。もっとも、両者が関心を持つ理由はそれぞれ異なる。

優良銘柄の配当で暮らすと昔から思われている未亡人や孤児は、どういうわけか市場に参加していることが分かった。もっとも、通常は代理人を通してだが。つまり、彼らのお金は投資信託か、「ポートフォリオ」を管理する信託基金のマネジャーによって運用されている。

どちらの場合でも、定期的に「ポートフォリオ」の調整がある。それは一部の銘柄が売られて、ほかの銘柄が買われているという意味だ。これは結局、ある銘柄が下げて、ほかの銘柄が上げることに賭けているのだ。分かりやすく言えば、未亡人と孤児は自ら賭けをしているわけではないが、賭け事をしているという点では、ほかの多くの人々と同じなのだ。

私はカジノのあらゆる面に引きつけられたので、いくらか数字を調べてみた。すると、株式市場で実際に賭けをしている人々の数はタイプによって異なることが分かった。ここには次のような人々が含まれる。

①ＮＹＳＥの定期定額投資プランを通して一カ月に四〇ドル以上の株を買っている一〇万五〇〇〇人以上の個人。このプランは、買いたい株を買えるほどまとまったお金がない人が利用している。たいていの場合、「分割払いで株を買うと手数料がかなり高いと思われるかもしれませんが、株価の上昇でカバーできます」と説き伏せられた人が利用している。
②約三〇〇万人の投資信託の株主。すでに述べたように、彼らは自分たちに代わって賭け事をしてもらう。ギャンブルはファンドを運用するプロが行うのだ。株主が行う唯一の賭けは投資信託を売りたいか売る必要があるときに、支払った金額に対する見返りがあるかどうかだ。
③いわゆる、「端株投資家」。理由はさまざまだが、たいていは資金が限られているために、「取引単位」である一〇〇株未満で株を買う人々だ。

端株投資家の割合が実際にどれくらいかはよく分からない。

私の友人でブローカーの一人によると、彼の広いオフィスで行っている業務の約六〇％が一〇〇株未満の端株取引だという。これは五月二八日の暴落前の話だ。

かなり裕福な投資家でさえ、現在の株価が四一六ドルのゼロックスや五一〇ドルのＩＢＭを必ずしも一度に一〇〇株買う余裕や自信はないだろう。一株一四三五ドルのスーペリア・オイルをだれが一〇〇株も買うだろうか。

例えば、一九六二年一二月の端株の売りは買いを二六五万九〇九二株上回っていた。これは月次の記録としては史上最高だ。小口投資家が大量に売ったということは読者の想像どおり、五月の暴落に「巻き込まれた」小口投資家が一二月現在、ウォール街から逃げ出していることを意味する。

あとで見るように、証券会社の利益という点では、小口投資家も合計すれば非常に大きなビジネスになる。

彼らは市場に戻ってくるだろうか。故Ｊ・Ｐ・モルガンは株式市場で唯一、確実なことについて、「相場とは変動するものだ」という有名な発言をしたとされる。

私の考えでは、彼の簡潔だが重々しい発言は株式市場を支える大衆にも当てはまる。彼らの出入りもまた、「変動するものなのだ」。

新たな強気相場は始まっているか？

ニューヨークタイムズの金融面に載っている投資情報サービスの広告が目に留まった。これは新しい広告でも、新しい問いでもない。私はこの広告を数カ月前から見ている。市場が行き詰まって、出来高が三〇〇万株台近くにまで落ちていたときでさえ、この広告は出ていた。

この問いに対する答えは何だろうか。

率直に言って、私には分からない。ラスベガスのカジノのルーレットがどこで止まるか分からないのと同じだ。実際には、情報サービスの提供者たちも分かってはいない。分かっていれば、一回五ドルの情報サービスを提供せずに、トレードで百万長者になって引退しているだろう。

しかし、ウォール街の歴史がはっきり示していることがある。経済全般と同じく（ただし、同時にではないが）、市場にも活況のときと低迷のときがあるということだ。暴落のあと、そろそろ改善が期待されてよいころだ。株価は上げ下げを繰り返す。負け組は去り、一掃される。やがて、新たに賭ける人々が現れる。

しかし、私にとって本当に重要な問いは、①私はどうすれば市場でお金を儲けることができるか、②どうすれば損から身を守ることができるか――だった。私はカジノでお金を儲けた。私は逆境を乗り越えた。本書はこのお金の砦、この輝かしいギャンブル場、この最大の福引きに挑んだ私の記録だ。

始めに……。

私はギャンブラーと呼ばれてきた。そして、ある意味でそれは事実だ。Xドルを出して、Xプラス利益を儲けようとする人はだれでも、ある意味でギャンブルをしている。

しかし、私は最初からリスクの要素をとり除くか、できるかぎり減らそうと考えていたと言える。私は勝つことを好んだ。そうでない人がいるだろうか。だが、私は本来、保守的でもあった。株式市場のティッカーの数字が一ポイント、二ポイント、三ポイントと下げていくのを見ると、私の心も沈んでいった。私は怖かった！

その恐怖心のため、私はやがて自分の指針を作り上げた。このゲームをしているときは、できるだけ損を少なくしようと思った。

しかし、それができるまでにはかなりの時間がかかった。最初のころ、私は多くのリスクをとった。そして、最悪なことに、私は自分がギャンブルをしていることすら理解していないままに、リスクをとっていたのだ。私はトレードを始めるときに、市場についてのおかしな考えと、真っ先に取り除くべき過剰な自信を持っていた。

私がマーケットに足を踏み入れたのはまったくの偶然で、ウォール街ではなく、カナダでだった。私はトロントでのダンス公演を依頼され、出演料は現金ではなく、カナダの鉱山会社の株で支払うという風変わりな提案をされた。だが、その契約は受けることができなかった。当時、私はニューヨークのラテン・クオーターに出演していたし、ほかにも決まっている仕事があったからだ。

しかし、相手が用意していた株を私は買い取った。自分でも驚きだが、私はブリランドという銘柄の三〇〇〇ドル分の株主になった。

ブリランド？　それは台所用洗剤の新製品のような名前だった。うさんくさい株だと思った。それから、株のことはしばらく忘れていた。マドリードなどでの仕事で多忙を極めていたからだ。

あるとき、単なる好奇心から新聞の株式欄を見て、びっくりした。ブリランドが目に飛び込んできたのだ。私はブリランドを五〇セントで買っていた。新聞の終値では一ドル九〇セントになっていた！　初めのうち、それはきっと印刷ミスに違いないと思った。粉石鉱の名前と勘違いしそうなブリランドは、実際には意外にもカナダの田舎の鉱山会社で、株価は四倍近くに跳ね上がっていたのだ！

私はすぐに売った。三〇〇〇ドルで買った株は奇跡的にも一万一〇〇〇ドル以上になった。そして、読者の予想どおり、私は株に夢中になった。そこから、私は株式相場のやり手になろうとした。ブリランドの経験から判断すると、株式市場は間違いなく数百万ドルを楽に稼げる魅惑の場に思えたからだ。

私は重大な秘密を打ち明けられた気がした。自信と力がみなぎるのを感じた。株や相場についてだれからも話を聞いたことはなかったが、これらの存在を知った今、私はお金持ちになる奥の手を見つけたと思った。信頼できるブローカーを見つけて、適切な銘柄を選びさえすれば、ブリランド株で経験したようなことを何度でも限りなく繰り返せるだろうと思った。

株式市場というこの素晴らしい発明を、どうしてみんなは利用しないのだろうか。まあ、それは彼らの問題であって、私が口出しすることではなかった。私はほかに良い銘柄がないか、探し始めた。それはどこにあるのか。お金持ちなら知っているはずだ。しかも、私は彼らとよく出会うナイトクラブで働いていたので、彼らに尋ねるという手が使えた。そして、実際に聞いて回った。

だれもが耳寄り情報やうわさやインサイダー情報を知っていて、確実に上がるお気に入り銘柄を持っていた。結局、株式市場の存在は大した秘密ではないようだった。しかし、ブリランド株で得たお金を運用資金にして、耳寄り情報に頼って投資を始めると、株式市場で一財産を築くのは思っていたほど楽なものではないと気づくようになった。

次の年に私はさらなるブリランドを探して、数十銘柄に投資してみた。私はカナダの低位株市場で投資を始めた。そして、もちろん、最初の大成功を再びそこで味わおうとした。結果はまったくのゼロに等しかった。私は自分がいわば「薄利多売」の裏返しをしているのだと気づいた。オールドスモーキー・ガス・アンド・オイルやレックススパーやケイランド・マインズといった変わった名前の銘柄に投資して、小さな損を数多く重ねていたのだ。

当時の私の記録を見れば、無邪気な初心者でないかぎり、やる気をなくしただろう。一株一九セントで買って一〇セントで売り、一二セントで買って八セントで売り、一・三〇ドルで買って一・一〇ドルで売っていた……。証券口座の収支を調べると、週に平均して一〇〇ドルの損を出していることが分かった。取引での損とそれらの売買委託手数料で資金は少しずつ消えていった。

私の買いはただの行き当たりばったりだった。私はギャンブル初心者に似ていた。ちょっと勝たせてもらってカモになり、とっくに流れが変わっているのに、やり続けていればきっとまた幸運な組み合わせが出ると思い込む連中に似ていた。不思議なことに、私はけっして落ち込まなかった。利益を出せる売買の秘訣を見つければよいだけの話だと思っていた。

成功までの道のりが遠いのは明らかだった。次の経験談でも分かるように、売買委託手数料という基本的なことでさえ最初はまったく理解していなかった。

ブリランド株で儲かった私は、ほかに良い鉱山株がないか目を光らせていた。だれかにケイランド・マインズがよいと言われた。何を掘り出しているのだろうか？　お金だといいな、と私は思った。私はそこが何の会社なのか、まったく知らなかった。だが、一株一〇セントなら間違いなく安いと思えた。手短に言うと、私はそれを一万株買った。合計で一〇〇〇ドルだ。

ビギナーズラックのおかげで、ブリランド株で得たお金がまだ数千ドル残っていたにしても、一〇〇〇ドルは大金だった。それはギャンブルだった。私は小学校の女性教師が初めて競馬場に行って、オッズが三〇倍の馬に賭けるときのように緊張して、ケイランド・マインズの株価を見ていた。

たしかに、ケイランド・マインズは何かを掘り当てていた。二四時間以内に、株価は一一セントまで上がった。

ニューヨークではなく旅先だったら、株価の動きを見られない間、次のブリランドになるようにと祈るだけで売らずに済んだかもしれない。だが、あまりにも市場の近くにいた私は、もともと冒険をしないたちなので、ギャンブルを長く続けられなかった。私は無意識のうちに、「利食い千人力」というウォール街の格言に従って考えを進めていた。信じてほしい。

この株で、私がした計算は次のとおりだ。

一株一〇セントで一万株の買い＝一〇〇〇ドル
一株一一セントで一万株の売り＝一一〇〇ドル
利益　一〇〇ドル

残念ながら、私は小さいが見逃せない売買委託手数料というものを見落としていた。私はブローカーから悪い知らせを受け取った。一万株を買ったときの手数料が五〇ドルだった。それに、一万株を売った手数料が五〇ドルだ。

往復の手数料に少額の譲渡税を足すと、私は「利食い」によって、損益はほぼゼロになった。

実際には、私にわざわざ電話を二回かけてきた見返りに一〇〇ドルの利益を得たのは、私のブローカーのほうだった。私のような顧客がいて、オフィスの賃貸料を払ってくれるのだから、彼が損をすることはあり得ないだろう。

私は利益か損がわずかでも出ると、心配になってすぐに手仕舞った。こうした取引を無数に繰り返したため、売買委託手数料と譲渡税で運用資金はじわじわと減っていった。これを食い止める方法を学ぶまでには長い時間がかかった。

ニューヨークに移って、ウォール街で取引を始めてからでさえ（万歳！　ついに大成功ができる！）、私はノミのサーカスのスターさながらに、相変わらず株式市場に飛び込んではすぐに飛び出していた。当然のことだが、ブローカーはそのたびに控えめだが、心から歓迎していたのは疑いない。彼には歓迎するもっともな理由があった。

ケイランド・マインズ株を買って一年半後の一九五四年七月の取引記録を見ると、ウォール街の素人トレーダーとして一歩を踏み出してからずっと抱えていた問題がよく分かる。取引記録を見ると、左の大手企業四社の株を買って売っていた。

- アメリカン・ブロードキャスティング・パラマウント
- ニューヨーク・セントラル鉄道
- ゼネラル・リフラクトリーズ
- アメリカン航空

最初の二銘柄では一ポイント以下の含み益が得られたら、素早く利食いをした。残りの二銘柄はわずかに下げたので、下げ続けて大損をしないように、すぐに損切った。これらの取引すべてで、一万九三一一・四一ドルを使った。このときまでに、私は初めて株を買ったときの三〇〇〇ドルよりもはるかに多額のお金をつぎ込んでいた。私は何も考えずに三〇〇〇ドルでブリランド株を買った。それが八〇〇〇ドルの利益になったので、それを元手に一財産を築こうと思っていた。実を言うと、私はこれよりももっと多くのお金を使って売買をして、なんとか耐えている状態だった。四銘柄すべてで使った金額は合計で一万九三一一・四一ドルだった。４銘柄の損益を通算すると、一ドル八九セントの利益だった！

一方、ブローカーは合計で二三六・六五ドルの手数料を手にしていた。

まあ、わずか一・八九ドルでも、損するよりはましだった。実は、私はかなり進歩していた。このとき、株式市場で最初の重要な教訓をついに学んだからだ。そのとき以来、それは私の指針になった。それを要約すると、こうだ。

資金の流出を食い止めよ！

つまり、短期トレードでわずかな利益を狙うようなことは避けて、売買委託手数料を減らす方法を見つけよ、ということだ。小さな値動きから利益を得るトレードをしてうまくいくのは、手数料を払わずに済むフロアトレーダーだけなのだ。

私はＡＭＥＸのフロアトレーダーが、「ここでエイス（eighth。八分の一ドルのこと）取って、そこでエイスを取る」と話すのを聞いたことがある。これは低位株を比較的少ない株数で素早く売買して、一株につき〇・一二五ポイント、つまり一二・五セントの利益を取ることを意味する。

これは取引所の会員にしかできないことだ。私にはできない。私は買うときにも売るときにも手数料を取られる。そのうえ、譲渡税も取られる。私が端株取引をすれば、私のブローカーは一株につき一二・五セントか二五セントを上乗せして、利益を得る。それらすべてのせいで、取引コストが増える。私が取引を増やすほど、ブローカーはご機嫌になり、強気相場のときですら私の利益は減っていく。彼の手数料は高くないかもしれない。NYSEによると、手数料は平均で約一%だからだ。だが、わずかな経費でも積み重なると大変大きな金額になるし、株式市場では想像よりもはるかに素早くそうなることもある。

私は株式市場を全体として、宝くじやギャンブル事業やカジノだと話してきた。これは単なる比喩で言ったのではない。平均的な読者は、「株を買うときにある程度のリスクがあることぐらい、もちろん分かっている」と言うかもしれないし、そのことはブローカーでさえ認めている。

だが、私はリスクの話だけをしているのではない。ラスベガスで行われているギャンブルとまったく同じ意味で、「ギャンブルだ」と言っているのだ。そこでは、めくられるカードや、数字が記されたルーレット盤の上を回る小さな象牙色のボールの動きに人々は賭ける。あるいは、サイコロを振るテーブルでビッグエイトが出ることに五ドルか五〇ドルを賭ける。

ラスベガスでは、カジノのオーナーはルーレットやカードでどういう数字が出るかに大きな関心を持っている。彼らは客が負けるほうにお金を賭けている。もちろん、彼らのほうが有利だ。そうでなければ、カジノは生き残れていない。

さて、私が見てきた事実は次のとおりだ。株式市場も一つの重要な点を除いて、カジノと大きな違いはない。ウォール街というカジノのオーナーは証券取引所の会員であるブローカーだ。そして、彼らの一部は絶えず一般投資家とは反対に賭けているものの、ブローカー全体として見れば利益の大半はギャンブルをすることからではなく、売買委託手数料から得ている。

証券取引所が存在できるのは、主としてこの手数料が入るからだ。これがなければ、ウォール街というカジノは存続できない。

この点は投資を始めてから早いうちに気づいた。私はコピーライターが滝のように流し続ける「健全な投資」や「アメリカ企業の株主になろう」などの宣伝にはだまされなかった。

マディソン街の広告屋たちがまったく合法的な目的のために、ウォール街を大衆に売り込む仕事を立派にこなしてきたことは認めなければならない。しかし、私は彼らの目的を誤解しなかった。それは、アメリカ企業の株主になることとはほとんど関係ない。彼らの主な目的はもっと多くのギャンブラーに株の売買をしてもらい、カジノを所有・運営しているブローカーがより多くの手数料を稼げるようにすることだ。

私は聖人のふりはしない。私は事実に強い関心を持っている。私の収入は事実に左右されるからだ。そして、ＮＹＳＥに象徴される「市民資本主義」が俗説にすぎないのも事実だ。アメリカ合衆国の人口のほとんどを意味する「市民」は、自由企業体制の資本のほんのわずかしか所有していない。実は、市民が生産手段を所有している割合は一世紀前よりも増えているどころか、減っているのだ。

会社について言えば、まず市場から資金を調達するというのは本当だし、多かれ少なかれ市民に株を売って資金調達をすることで事業を拡大させていることも間違いない。それで、その後はどうなるか。株式の上場で資金を手にした経営陣は、その後の経営においては株主の意向をほとんど気にしない。もっとも、会社役員が自社株を保有している場合は別だが。

　株式を発行したときに三〇ドルだった株式は、市場で次々と人手に渡って、一株五ドルまで下げるかもしれないし、一五〇ドルまで上げるかもしれない。株式は債券や約束手形や投資信託とは異なり、償還されないので、株価がいくらであろうと会社にとって大した違いはない。会社の資金面は相場の変動ではなく、もっと実際的な問題で決まる。それは会社名が立派に記された株券とはまったく無関係なのだ。

　配当があるだろう、って？　配当は義務ではない。取締役会では配当を行うかどうかを自分たちの判断で決める。よくあるように、重役が自社株を大量に保有していれば、配当金を支払いたくなるかもしれない。

　一方、配当金を支払いたくないもっともな理由もたくさんあるかもしれない。彼らは事業拡大、株式の取得を通じた他社の資産の買収、金融界の一大勢力になること、高収入の管理職ポストの新設、あるいは自社のために富を支配することに関心があるのかもしれない。

　一方、配当金が支払われるかどうかに関係なく、会社の株は市場で売買され続ける。そして、真相はこうだ。株は主として、買ったあとにいくらで売れそうかという買い手の推測に基づいて取引される。これは投機であり、ギャンブルだ。

要するに、一〇ドルか二〇ドルか五〇ドルで株を買ったときには、きれいに印刷された証明書のためにそれだけのお金を払い、それを他人がもっと高値で買ってくれることに賭けている。そして、もちろん、その証明書を買った人もまったく同じ賭けをしている。

当然ながら、ブローカーは活発に賭けが行われるように促して、できるだけ多くの手数料を稼ごうとする。知らない読者のために言っておくと、ブローカーは賭けが行われるカジノのオーナーの一人だ。そして、会員権を持っていれば、自分の取り扱う取引に割り込む権利が与えられる。結局、彼がカジノに参加したのはそのためなのだ。彼やほかの会員がＡＭＥＸの会員権に四万ドルを支払い、ＮＹＳＥという高級カジノの会員権に一五万ドルも支払うのは、それが目的なのだ。

通常のビジネスであれば、浮き沈みがあり、リスクもいくらかある。それが確実なものだとはだれも言わない。しかし、そのリスクは通常、予測済みであり、上昇サイクルも下降サイクルも合理的に説明できる。例えば、今度の冬は寒くて、多くの燃料が使われたので、今年の石炭や灯油の業界は好調だ。あるいは、今年の夏のメロンは儲かりそうにない。人々が食べたがる量よりも多くのメロンが栽培されたので、供給過剰になっているといった具合だ。

だが、ギャンブル事業――これはウォール街のことだが――はこれとは異なる。それが合理的でないことは、株価が日々変わるだけでなく、刻々と変わることで証明できる。株式市場のティッカーに流れる株価の上下は、サイコロゲームの台で幸運な七か一一が出たり、不運な二か三が出たりするのとそっくりだ。

企業の株を持っているということが、ＮＹＳＥのコピーライターが好んで言う「アメリカ企業を所有していること」ならば、どうして株価が一日に二〇回も変わる必要があるだろうか。

私の夕食の価格は毎日変わるだろうか。私がいつものように、プラザホテルのオークルームに行ってカクテルを頼もうとしたら、バーテンダーに次のように言われたとしよう。

「ダーバスさん、今晩は。今日はマティーニは九七セント、マンハッタンは七八セント、バーボンは四三セントでございます。スイートベルモットは底値を割って、三セントになりましたが、ドライのほうは三九セントを維持しています。クラブサンドイッチは五ドル二六セントで、ピクルスは一ドルです。チキンサラダは、キッチンで行われている委任状争奪戦が終わるまでお勧めいたしません」

こんなことを言われたら、信じられるだろうか。パーク・アベニュー六五〇番地に立派な不動産がある。その不動産の売値がティッカーで流されて、朝は三五〇万ドルだったが、三時間後には三五三万ドルになり、そのわずか二時間後には三四五万ドルまで下げて、翌日にはたったの二九〇万ドルになっている、といったことはない。午後三時にその不動産を売った人が、翌朝に駆け込んできて、売った値段よりも安値で買い戻すなど、私には想像できない。

まともな人なら、どんな商品でも価格がそういう変動をするのがみんなの役に立つ、とは言わないだろう。しかし、当然、ギャンブルでは話が変わる。ロトというものが成立するためには、数字の価値が変動する必要がある。そして、人は支払ったものの見返りを得る。ギャンブラーであれば、それはほかの人に数字を売る機会になる。あるいは、ウォール街であれば、印刷されたシンボル――IP（インターナショナル・ペーパー）、CN（ニューヨーク・セントラル）、IBM（インターナショナル・ビジネス・マシーンズ）、GM（ゼネラルモーターズ）――をほかの人に売る機会だ。

IBMを例に取ろう。ブローカーであれば、必ずオフィスに置いているチャートを見れば、IBMの株価が一九三六～一九六〇年の間に三・八七五ドルから四〇〇ドルまで大きく動いたことが分かる。一九六一年の安値は三八七ドルだったが、高値はなんと六〇七ドルだった！　一九六二年は、一月に最高値の五八七・五ドルを付け、六月に三〇〇ドルまで下げたあと、一二月末には三九二・五ドルまで上げた。これを書いている時点の株価は約五一〇ドルだ。

次に、ＩＢＭのチャートを載せておく。

同じ時期のこの会社の一株当たり利益は次のとおりだった。

一九六一年　七・五二ドル
一九六二年　八・七二ドル
一九六三年　一〇ドル（推定値）

利益はどの年も、前年よりも良かった。それならば、どうして株価は激しく揺れ動いたのだろうか。

ちょっと考えただけでも、こんなチャートは理屈に合わない。チャートが示す株価の変動は企業としてのＩＢＭとは何の関係もない。この株価の激しい動きは、ＮＹＳＥという

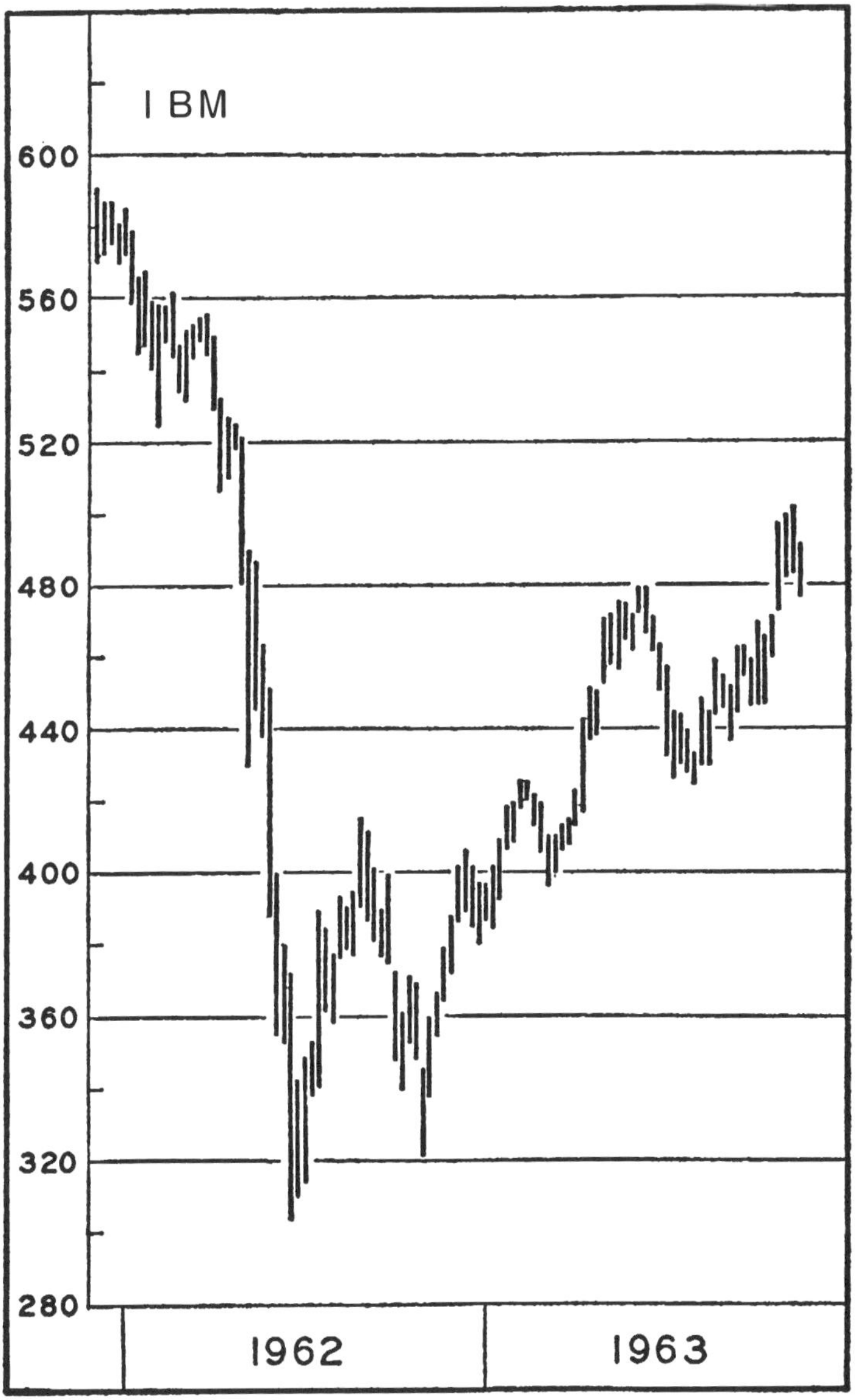
IBM
600
560
520
480
440
400
360
320
280
1962
1963

名の巨大カジノにおけるＩＢＭの株価変動にしか関係していない。

新聞をちょっと見ると、ＩＢＭが一株につき四ドルの年間配当を支払っていることが分かる。これは現在の株価の一％にも満たない。言うまでもないが、一％を稼ぎたくて投資する人はいない。

ＩＢＭを三〇〇ドルであれ六〇〇ドルであれ買う人々は、株価がもっと上がることに賭けているだけだ。同じことは、投機目的で売買されるほとんどの株にも当てはまる。そして、私に言わせれば、事実上、すべての株が投機目的の株なのだ。それらの株価は上がるかもしれないし、下がるかもしれない。それはやってみなければ、分からない。

私がギャンブルと株式市場について長々と説明しているように思うのならば、それは禁欲的なことを言いたいのではなく、株式市場の本質が何かを強調するためだ！　株式市場での経験から、株を売買して利益を得る合理的な方法は一つしかないと分かった。それは、まず第一に、私が買っているのは一体、何であり、再び売りたがっているのは一体、何なのかを徹底的に理解することだった。

私が発見したウォール街の基本は次のとおりだ。

A．私が株を買うとき、実はカジノでチップを買っているのと同じだ。
B．私の目的は、ほかの人々の投機によって生み出される値動きをうまく利用して、私がチップを買うのに支払ったお金よりも多くのお金を得ることだ。
C．だが、ほかの人々も同じことを考えているので、私はうまく勝てるという確信を持っていなければならない。

私が株式相場で学んだ最初の教訓は、ケイランド・マインズについて述べたところですでに話している。利食いをあまりにも早く、しかも頻繁に行えば、ウォール街の「利食い千人力」という格言に反して、私は破産する可能性があったのだ。理由はもちろん、ブローカーの手数料のせいで、これは勝っても負けても取引のたびに取られる。比率からすれば小さな出費だが、必ず取られるので、経費としては大きな項目であり、ウォール街というカジノでギャンブルをするために毎日支払う「入場料」だ。

市場について少し詳しくなったとき、手数料を取るブローカーはウォール街というカジノのディーラーだと分かった。しかも、彼らは抜け目がなかった。

第2章 ディーラー

株式市場に足を踏み入れて最初の一年ほどは、苦境に立たされていた。今、振り返ってみると、私が抱えていた基本的な問題は、株式の性質、市場、それに市場を運営している人々の役割を誤解していたことだった。

まず、私は次のように聞かされていた。株式とはその会社を実際に所有している割合を表している。また、株の価値はその会社の利益の伸びに応じて上下する。そして、株式市場は主として会社が必要とする資金を集めるために運営されている、と。「アメリカ企業の株主になろう」はＮＹＳＥ（ニューヨーク証券取引所）のスローガンだ。

よく考えるまでは、株の取引は簡単なことだと思っていた。しばらくの間、私は耳寄り情報か直感に頼って手当たり次第に株を買っていた。損をしたときには、「相場の感触をつかんでいるところだったんだ」と自分を慰めていた。

だが、そのうちに、株式とは企業の所有割合を表すのだから、当然、その企業を徹底的に調査すべきだと思うようになった。つまり、どの業界が最も強くて、どの会社が最も有望かを見つけだして、それらの会社の株を買うのがよいと考えたのだ。ある業界が活況を呈していて、その業界内のある会社が成長して利益が伸びていたら、当然ながら株価も上がるはずだ。

私はこの理屈には何の問題もないと思っていた。この理屈からすれば、保有すべき理想の株は明らかに、最大級で絶好調の業界にあって、最大手で最強で最も利益を出している会社の株だった。

私は今度は当てずっぽうではなく、事実に基づいて自信を持って選別をし始めた。しかし、すぐに問題にぶつかった。

バロンズの週刊金融紙のバックナンバーで、週ごとの株価を二カ月にわたって比較している記事を調べると、どんなブローカーでも聞かれたら言いそうなことに気づいた。

それは、歴史のある一流企業で、資本金と利益が非常に大きくて、配当金を最も長く支払っている会社の株価が、まさに最も動きが少ないということだった。そして、これは優先株に特に当てはまるが、株価がまったく動かないように見える銘柄すらあった。株価に動きがなければ、買っても儲からない。私は的外れのことをしているようだった。

値動きの調査もしてみたが、配当、利益、安全性などの点では同等の格付けの会社なのに、株価の動きはまったく異なるということがよくあった。あらゆる面でまったく同じような三社のうち、二社の株価は動かないか下げているのに、残りの一社の株価は特に理由もなく、突然に数ポイント上げていることがあった。私の思いつかない要素があるのは明らかだった。しかし、そんなことは株のどの入門書にも年次報告書にも載っていなかった。

だが、手掛かりが一つあり、それは有望に思えた。株価がどう動くかはいわゆる企業の質そのものからは明らかにならないが、株価が連動して動く銘柄があることに気づいたのだ。それらの銘柄はまったく無関係に取引されてはいなかった。特に、さまざまな業界内のリーダー株の動きに追随する傾向が見られた。私の観察は株式市況のニュース、特に私が毎晩ラジオで聞いていた番組でも確認できるように思えた。

「本日は石油関連銘柄が相場を主導しました。ニュージャージーのスタンダード・オイルは○・六二五ポイント、シンクレアは○・三七五ポイント上昇しました。非鉄金属関連銘柄はわずかに下げましたが、繊維関連銘柄はしっかりしていました」といったニュースを私は聞いていた。そうしたニュースやウォール・ストリート・ジャーナルのリポートを調べると、相場とはこんな風に動くものだと思えるようになった。イルカの群れが一グループずつ浮上するように、最初のグループがまず上昇して、次に別のグループが上昇するのだ。

あるグループの一銘柄が一ポイントほど上げると、同一グループの残りの銘柄がその値動きを追い風に上げているように見えた。私には理由を推測することしかできなかったが、いずれにせよ、この考えは有望に思えた。

私は年次報告書、決算書、配当、ＰＥＲ（株価収益率）、利益率――株式トレードのいわゆる「ファンダメンタルズ」のすべて――を詳しく調べた。

そして、さまざまな銘柄グループの値動き全体に注意を払うのが最も良いという考え方が論理的に思え始めた。まずは最も活発で最も強いグループを選び、次にそのグループで真っ先に上げている銘柄を選べば、まず失敗するはずがないと考えた。細部に注意を払い、私が今や自信を持ってできると思っている詳細な分析をしさえすればよかった。私は自分が注目する市場の専門家になり始めていた。

やがて、私は探し求めていた銘柄を見つけた。その銘柄はジョーンズ・アンド・ラフリン・スチールだった。それはアメリカ経済全体でカギとなる企業ではないにしろ、基幹産業に属する会社であり、利益、ＰＥＲ、配当などの「ファンダメンタルズ」面ではその業界でトップクラスだった。それなのに、株価は私には手ごろだと思えた。この銘柄をほかの鉄鋼株と各要素を一つ一つ比較すると、一〇～二〇ポイント高いほかの銘柄よりも割安だった。

鉄鋼業界は全般に非常に強かったので、ジョーンズ・アンド・ラフリンが正当な評価をされるのも時間の問題だと思った。あらゆる点から見て、これはとてもお買い得に見えた。このころには、自分の推測はしっかりしていると確信していて、他人が気づかないうちに買わなければと思っていたので、この銘柄に人生を賭けてもよいとさえ思うほどだった。実際に、私はそれに近いことをした。

私はブローカーに電話をかけて、信用取引で一〇〇〇株の買い注文を出したのだ。費用は平均で一株につき五二・五ドルだった。七〇％の委託証拠金が必要なので、担保に差し出す必要がある現金は合計で三万六八五六・六一ドルだった。それは私のほぼ全財産だった。私の手持ちの資金すべてと、借りられる限度いっぱいのお金だった。私の給料の支払いは数週間先で、ラスベガスに持っている不動産は抵当に入っていた。私は市場にどっぷり「つかって」いて、計算が間違っていたら破産してもおかしくなかった。

だが、奇妙なことに、私はまったく心配していなかった。苦心して調べた「ファンダメンタルズ」によれば、ジョーンズ・アンド・ラフリンはやがて上がるはずだった。私の計算では、少なくとも一株七五ドルの価値があった。私は真の価値が現れるのを自信たっぷりに見守った。

買ってすぐに、私の計算が間違っているような動きになった。何かがどこか変だった。この銘柄はおそらく一株につき七五ドルの価値があるはずなのだが、ほかのトレーダーはそう思ってはいないようだった。彼らは明らかに、私が支払った一株当たり五二ドルの価値があるとさえ思っていなかった。

買って三日後に下げ始めた。下げ幅は最初のうちは一ポイントに満たなかったが、そのうちに一ポイントずつになった。一ポイント下げるたびに、一〇〇〇ドルの損が出た。いったん、戻りがあり、少し生き返った。しかし、その後は〇・一二五ポイント、〇・五ポイント、一ポイント、二ポイントと下げ続けた。

三週間もしないうちに、四四ドルまで下げた。それは私が買ったときの株価よりも八・

二五ポイントも安くなった！

　私に関するかぎり、それが限界だった。それ以上は我慢できなかった。手数料と信用取引の金利を含めて、九〇〇〇ドルの損を出して売った。

　相場に対する取り組み方そのもののどこかに、大きな間違いがあるのは疑いなかった。説得力があるように思えた理屈は、現実には通用しなかった。「ファンダメンタルズ」について何の知識もなく、ただ単にギャンブルをしていた最初のころのほうが結果は良かった。ジョーンズ・アンド・ラフリンを買った理由——スタンダード・アンド・プアーズの格付けはB＋、配当は六％近く、申し分のない年次利益など——を調べ直してみた。それでも、最初の推論のどこに間違いがあるのか分からなかった。この会社は強い業界に属する優良企業だった。はるかに高値の銘柄と比べれば、この銘柄はお買い得だった。しかし、この銘柄は上げるのではなく、下げた。私はどこで誤ったのだろうか。

　私には分からなかった、しかし、損を取り戻すために何かしなければならないことは分かっていた。私は再びバロンズとウォール・ストリート・ジャーナルの株価欄を調べ始めた。そして、不可解な相場の動き、NYSEで株価が日々刻々と予想もつかない上げ下げをする謎を解く手掛かりを探した。ファンダメンタルズが原因でないのであれば、何が原

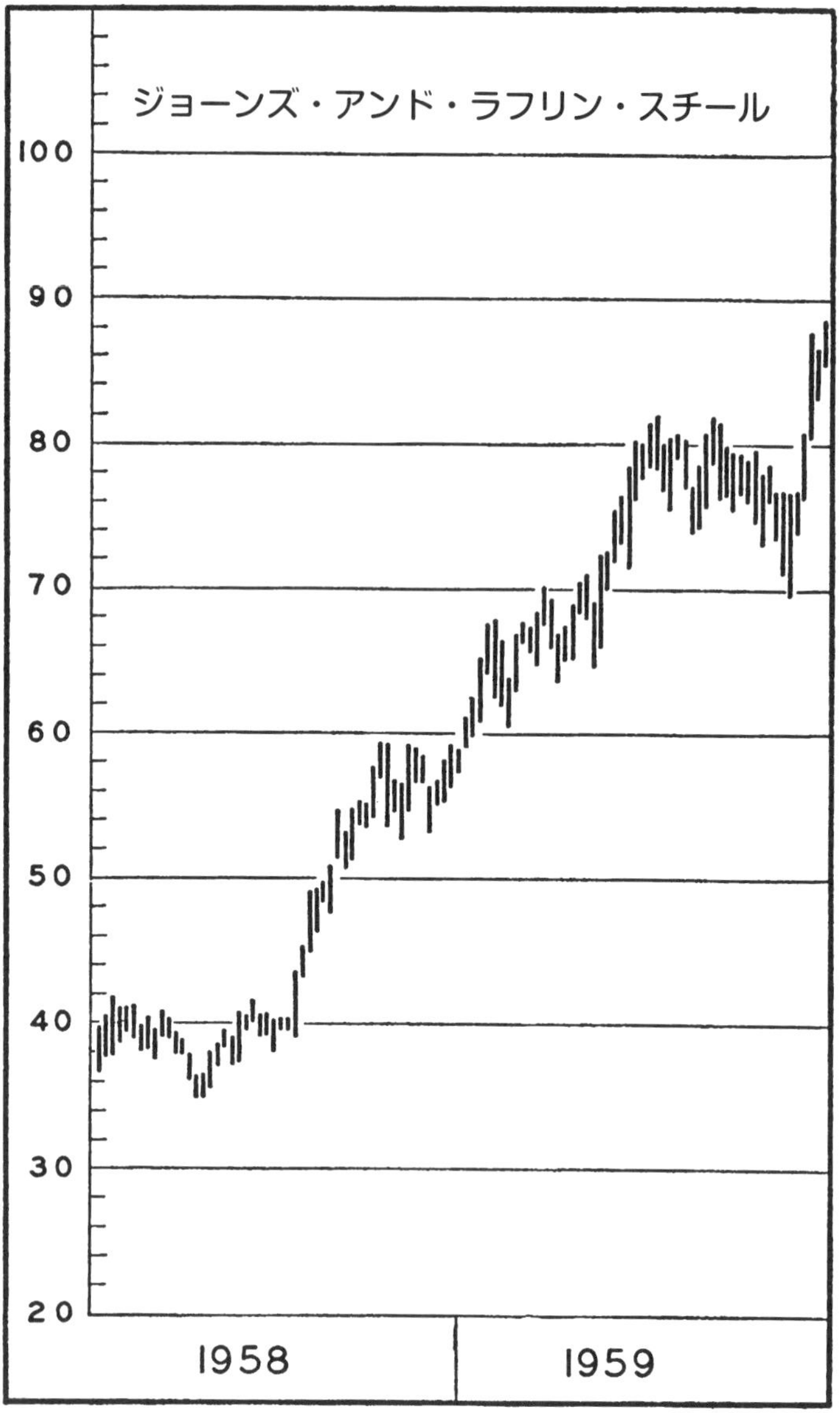
ジョーンズ・アンド・ラフリン・スチール
100
90
80
70
60
50
40
30
20
1958
1959

因なのか。

最終的に、私はテキサス・ガルフ・プロデューシングという銘柄に引きつけられた。何を生産している会社なのかさえ、私は知らなかった。だが、週の終値を調べていて気づいたことがあった。それは、ピンポン玉のように上げたり下げたりしている銘柄もあれば、まったくと言っていいほど動かない銘柄もあるということだ。テキサス・ガルフ・プロデューシングは着実に上げていた。

何かが必要だとすれば、これがきっと重要なことだった。この銘柄が上げ続けるだろうと考えるもっともらしい理由はなかったが、上げ続けないと考える理由もなかった。私は再びギャンブルをしていたが、今回は少なくとも競走馬の状態に注目して賭けるようになった人に似ていた。私が賭けようとしている馬のテキサス・ガルフ・プロデューシングはレースで勝っていた。それは重要なことだった。私は思い切って買うことにした。

買値は三七・二五ドルだった。

翌日の株価は三八ドルだった。一株につき七五セントの上昇だ。そして、私は一〇〇〇株買っていた。一日目で七五〇ドルの含み益が得られた。

私は心の中で、「行けー、テキサス・ガルフ・プロデューシング！」と叫びながら持ち続けた。

株価は三八・二五ドル、三八・七五ドル、三九ドル、四〇ドルと、緩やかに上げ続けた。数十セント下げると、がっくりした。これは本当に競馬に似ていた！　再び上げてくると、また下げるのが怖くて持ちこたえられなかった。ついに、四三・二五ドルになり、六ポイント上げたとき、やりたかったギャンブルは十分にやったと思った。

私はブローカーに電話をかけて、売ってくれと言った。手数料と譲渡税を引いても、利益は五〇〇〇ドルを超えていた。

そのとき、私はこの会社が石油を掘り出しているのか牛乳を搾り出しているのかすら知らなかった。だが、会社の内情を詳しく知っていたジョーンズ・アンド・ラフリンで出した損の半分以上をこの会社の株で取り戻したことは間違いなかった。

テキサス・ガルフ・プロデューシング！　これが利益を生み出したのだ。私がこの銘柄について確実に知っているのはそれだけだった。同じ業界に属していて、ファンダメンタルズ面で同様に魅力的な銘柄が動かないのに、どうしてこの銘柄が上げたのかは依然としてまったく謎だった。

間違いなく、上げる理由はあったはずだ。それは私よりも詳しく内情を知り得る立場に

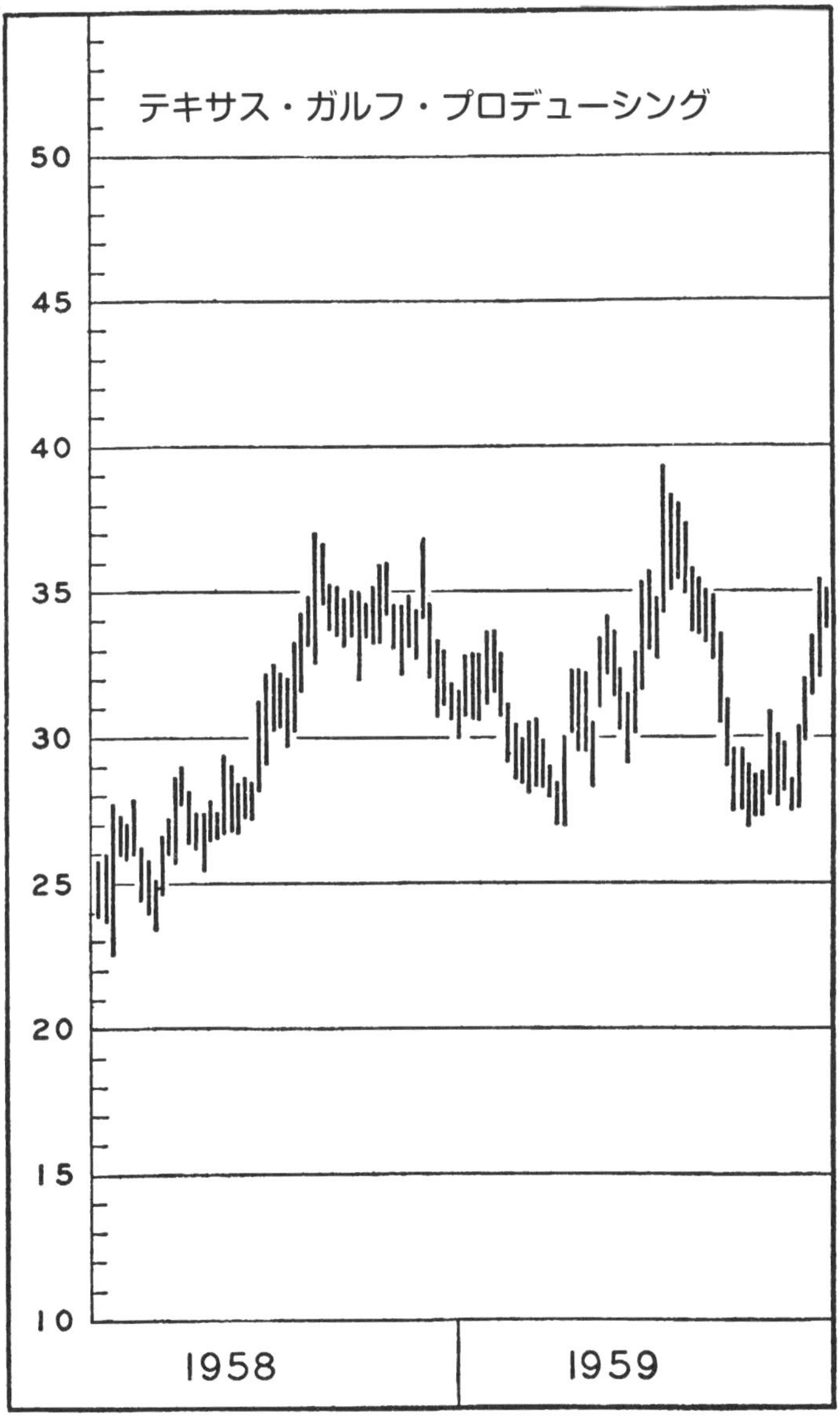
テキサス・ガルフ・プロデューシング
50
45
40
35
30
25
20
15
10
1958
1959

あるインサイダーが買っていたからなのかもしれない。だれかが買っていたのは明らかだ。そうでなければ上がるはずはない。しかし、上がる理由があっても、その理由は買うには遅すぎるというときまで、私には何一つ分からないだろう。

もちろん、私は自分が買うかどうか検討している会社の強さや今後の見通し、財務状況にはこれからも関心を持ち続ける。だが、これらの要素が分かっても、私が望むように、買ったあとに素早くかなりの利益を得られそうかどうかまではけっして分からない。

そうすると、私の主な投資手法は毎日の株式欄を見て過去の値動きを慎重に調べるなど、相場そのものの兆候に従って動くことしかない。つまり、私は株価のそれまでの調子と実際のパフォーマンスに基づいて、上げそうな銘柄を探すことになる。血統、訓練、ジョッキーの評判、馬が食べていた麦の種類は、どれも知っていて損はない。しかし、私の第一の原則は、先頭を走っている馬だけに賭けることだ。その馬が遅くなったら、ほかの有力候補を探すだけだ。

私は勝ち組を選ぶ科学的な方法はいまだに見つけられていなかったが、自分なりの考えが少しまとまり始めた。そして、重要な教訓を学んだ。それは簡単に言えばこうなる。

会社の業績の良し悪しと株価がどう動くかは別の話だ。私が経験したように、所属する業種やその会社自身が急成長しているのに株価が下げることもあれば、私の知るかぎり、その逆になることもある。いずれにしても、証券業界が勧める重要な経済指標のなかに、株式投資で頼りになるカギがないことは明らかだった。私は株式市場の性質について貴重な手掛かりを得た。これからは、「アメリカ企業の私の持ち分」のことは忘れて、株式を実際に見えるとおり、巨大なカジノの赤、白、青のチップとして扱おう、と決心した。

それぞれの銘柄にはいくらの「価値」があるのだろうか。私が学んだのは、スタンダード・アンド・プアーズや同様の手引書を読んでも、それはまったく分からないということだ。私の目的にとっては、株の価値はまさに買ったときに支払った金額であり、自分のチップを換金したときに得ることができる金額に等しい。良い株か悪い株かという点について言えば、そんなものはなかった。上げる株と下げる株があるだけだった。

株式がそれを発行する会社やその業界とどういう関係にあろうと、その価値は需要と供給の法則に基づいて市場で決まる金額のほかにはない。

これが相場に対する私の現実的な取り組み方だった。少なくとも私にとっては、この方法がお金を儲けるのに大いに役立った。当時の私は忙しすぎて、市場理論の問題点には関心を持たなかった。私が「なぜ?」と問うことはなかった。

だが、その後は株式市場についての自分の考え方を徹底的に検討してきた。そして、多くのプロトレーダーが口には出さないものの、内心では認めている結論に達した。

まず、NYSEの「アメリカ企業のあなたの持ち分」というスローガンは単なる宣伝にすぎないということだ。それはアメリカ市民が苦労して稼いだお金を、前に述べた赤、白、青のチップという株式の不確実なパフォーマンスに賭けるように説得するために作られたものにすぎない。

次に、まとめて「株式市場」と言われる巨大企業の経営者の観点からすれば、その目的は売買高を最大にして手数料を最大にすることに尽きる。

私は株式を発行する会社の行為がギャンブルのためにチップを提供する役目しか果たしていない、などと言うつもりはまったくない。株式を発行するのは、明らかに新興企業が資金を集めるための貴重な手段であり、既存企業のさらなる拡大にもある程度は役に立っている。

これはどんな企業にも存在するリスクを、痛みを伴わずに分かち合う方法なので、なおさら貴重だ。会社が成功すれば、それは大変良いことだ。その会社は株主への還元策として、配当を行うかもしれない。あるいは、そうしないかもしれない。店頭市場で株式を売買している会社ではよくあることだが、配当金を一度も支払っていない会社は驚くほど多い。

その会社が倒産したら、どうなるかって？　忘れることだ。立派に印刷された株券を手にしたら、自分がアメリカの景気に貢献した証拠として残るだろう。あるいは、ギャンブルをしていた時代の記念品として取っておくこともできるだろう。

もちろん、NYSEに上場している会社で、倒産するところはあまりない。この取引所は売上高が一〇〇万ドル以上の会社だけが入れる高級クラブだ。それらのほとんどはかなり定期的に配当を行っている。それが上場を維持するための条件だからだ。それでも、この取引所の記録を見ると、配当利回りの平均はそれほど良くない。一九六一年にNYSEに上場している会社の配当利回りは平均で、たったの三・三％だった。ほとんどの貯蓄銀行の利息はこれよりももっと良い。しかも、これは配当金が実際に支払われた普通株についてだけの話だ。多くの株では支払われなかった。

株式を発行する会社にとって、このことは非常に都合が良い。これはウォール街の皮肉たっぷりの警句で、次のようにまとめられている。

「どうして破産する必要があるんだ？　上場しよう」

これは一体、どういう意味なのだろうか。

私の考えでは、会社は必要な資金を得るが、それを返す義務はまったくないということだ。証券引受業者は株式を引き受ける見返りに自己の取り分か手数料、あるいはその両方を受け取る。その後のすべての業務を行うブローカーは手数料を受け取る。そして、市民はギャンブルをするための「株式」（つまり、チップ）を受け取る。ギャンブルとはもちろん、自分の買値よりも高く買って利益をもたらしてくれる人が現れるのを期待することで、その人もほかのだれかがもっと高値で買ってくれることを期待する。こうしてトレードがいつまでも繰り返される。

突き詰めると、これが私が発見した株式市場のすべてだ。南海泡沫事件、オランダのチューリップバブル、ポンジスキーム、大恐慌時代のチェーンレターと同じように、それは信頼という一つのことを支えに動き続ける。ときどきその連鎖が絶たれて信頼が失われると、このもろい仕組みは崩れ落ちて、ウォール街でまた暴落が起きる。その後、これが再び繰り返される。

私のようなトレーダーにとっては幸いなことに、ウォール街のギャンブルには落ち着きを取り戻すのに役立つ要素がいくつかある。それらはポンジスキームやチェーンレター、あるいはラスベガスのカジノにはない要素だ。それらのおかげで、株式相場が過熱して急落に見舞われても、相場は比較的素早く回復する。

それらの要素の一つに、非常に多くの小口投資家や一部の大口投資家が株を買ってすぐに利益を得ようとは考えていない点がある。彼らは配当収入や一部はインフレヘッジのために株を買う。その理由は、インフレによって商品価格が上がるときには株価も上がるはずだと考えているからだ。株式相場はそうした買いのおかげで、特に株価の急落後に落ち着きを取り戻す。

投資信託も暴落後に活発に動いて、底値圏で買う傾向がある。これも株価が持ち直す助けとなる。また、独立系のフロアトレーダーもいる。彼らは証券取引所の会員ブローカーで、その多くは一般投資家たちの逆に賭ける。つまり、彼らが買っているときに売り、彼らが売って株価が下げているときに買うのだ。

これもまた、ウォール街で皮肉交じりの警句を生んだ。

「大衆は常に間違う」というものだ。

ただし、証券業界はこうした警句が大衆の耳に入らないように最善を尽くしている。実際、マディソン街で最も才能豊かなコピーライターを使って、この警句とはまさに正反対の印象を与えようと努めている。私は広告にいかに大金が投じられているかを知って驚いた。

いくらかだって？　MLPF&S（メリルリンチ・ピアース・フェンナー・アンド・スミス）という一証券会社は、一九六二年に広告宣伝費になんと三三六万ドルを使った。株式市場の売買高が減ったために、その年度の売上高が落ち込んだことを決算発表で明らかにしたとき、メリルリンチは一九六三年の広告予算を一〇〇万ドル増やす予定だと付け加えたのだ！

広告を出せば報われる。広告を出していなければ、市場参加者はずっと少なかっただろう。そして、一般投資家がいなければ、取引手数料も得られない。

NYSEによると、売買委託手数料は平均でおよそ一％だという。これは一〇〇株以上のいわゆる単位株で買った場合の話だ。端株の手数料はそれよりも高い。

一％と聞いても、それほど多い気はしない。実を言うと、私がトロントで初めて投資をしたとき、紹介されたブローカーから手数料を請求されるとは思ってもいなかった。

彼は何から利益を得ているのだろうか、と考えることもなかった。私は自分の利益のことで頭がいっぱいだった。それに、私にとってはこの市場全体が謎めいた存在だった。

一般的に言って、私が取引をしたブローカーたちは善意の人だと感じさせる働きをした。彼らにとってはかなり面倒なことでさえやってくれた。彼らはまるでお人好しのチャーリーのようだった！　私が売買をしたいときには必ず電話に出てくれた。いつでもすぐに助言をしてくれた。実際には、私の相手をする人なつこいブローカーは、「何もしないようにしや、「手仕舞ったほうがいい」といった助言はしてくれなかった。それは期待のしすぎというものだろう。ブローカーや営業担当者が仕事をするのは、カジノ業者やクルーピエ（カジノでお金を配分する係）と同じように、しっかりお金を稼ぐためだ。ウォール街では、それは手数料を意味する。

ブローカーや営業担当者は顧客と手数料の話はめったにしないが、もちろん、それらが取られることは暗黙の了解だ。ブローカーが取引を仲介する目的について話題にするのはちょっと悪趣味だ。それは主治医に向かって、「先生、儲かってますか？」と尋ねるようなものだ。

しかし、私が計算して統計でも確かめた結果では、ブローカーの一％という手数料でも、NYSEやAMEX（アメリカン証券取引所）、それにさまざまな地方の小規模な証券取引所（巨大な店頭市場は言うまでもない）で毎日、週に五日取引されている何百万もの株数を掛けると一〇億ドルのビジネスになることが明らかになった。

ウォール街でブローカーに払う手数料は、違法カジノのポーカーで払わされる店側の「取り分」と同じようなものだ。そこでは、ディーラーがどの賭金からもたっぷりとお金を持っていく。

カードゲームのディーラーに似て、ブローカーが常に間に入り、人が株を買ったときと売ったときに賭け金から少しずつ取っていく。結果として、売買が増えるほど手数料の総額が増えて、ウォール街の「取り分」であるキャッシュが増える。


それでは、株式市場というこの国最大のカジノで、これらすべてが実際にどう機能しているのかを見ていこう。

NYSEに上場されている株式の価格は、マディソン・スクエア・ガーデンの最近の株価である約二ドルからスーペリア・オイルの一三〇〇ドル以上にまで及ぶ。上場されている約一三〇〇銘柄の平均株価は現在、約四〇ドルだ。そして、最後にNYSEの一日の出来高（端株取引を除く）は約五〇〇万株だ。

五〇〇万株×四〇ドル＝二億ドル

私の計算が間違っていなければ、手数料は二億ドルの一％で、一日につき二〇〇万ドルになる。

間違っているだろうか。たしかに間違っている！　私が持ち株を売ったときにブローカーが平均一％の手数料を得るとすれば、私の持ち株を買う人から一％の手数料を得るブローカーもいる（同じブローカーではないにしても）。こうして、一％は二％になり、NYSEに上場している株式、失礼、「アメリカ企業の持ち分」すべてのギャンブルからの取り分として、ブローカー業界は全体として、なんと一日に四〇〇〇万ドルを年間で二五〇日稼いでいる。

ここから手数料がない取引、つまり、スペシャリストとフロアトレーダーと取引所のほかの会員の売買として多めに三〇％を引いて、ティッカーには現れない端株取引分として一五％を足すと、業界の取り分はラスベガスも恥じ入るほど大きなものとなる。

これはNYSEだけの金額だ。ほかに、一日に一〇〇万株の出来高のAMEXがある。また、一〇社以上の中小の取引所もあるが、これらはすべて、少なくとも七万株の非上場株を取引するいわゆる店頭市場の前では影が薄い。

私はメリルリンチのような証券会社がその顧客であるアメリカの巨大企業と比べてどれ

1961年度の各企業の利益

（単位＝万ドル）

メリルリンチ	2200万ドル
アレゲニー・ラドラム・スチール	1169.0
アメリカン航空	727.8
アメリカン・スメルティング・アンド・リファイニング	2142.0
アメリカン・ビスコース	976.3
クライスラー	1113.8
コンテイナー・コーポレーション・オブ・アメリカ	1820.0
カーティス・ライト	597.0
ダグラス・エアクラフト	595.7
グレート・ノーザン鉄道	1863.2
ハーシー・チョコレート	1980.0
イリノイ・セントラル	1271.5
モンゴメリー・ウォード	1585.9
ノーザン・パシフィック	1631.3
オーティス・エレベーター	2189.8
フィリップ・モリス	2151.1
ポラロイド	811.1
スタンダード・ブランズ	1872.5
ユナイテッド航空	3693.0
ユナイテッド・フルーツ	892.1
ウエスタン・ユニオン	1222.6
ゼニス・ラジオ	1801.5

くらいの利益を得ているのかに興味を持った。私が見つけたことは次のとおりだ。

メリルリンチの場合、この一％の手数料は驚くほど積み上がり、一九六一年の純利益は二二〇〇万ドルになった。だが、翌年の純利益は前年の半分を少し上回るだけだった。その理由は会社の年次報告書ではっきりと述べられているように、五月の暴落後に出来高が大幅に減ったからだ。

五四万人の顧客と八七〇〇人の従業員を抱えていて、そのうち営業担当者は二〇五四人、副社長・部長は一二五人もいる。一〇〇以上の都市に支社を置くメリルリンチは飛び抜けて世界最大の証券会社だ。それでも、証券会社はほかにも数多くあり、この業界が生きていられるのは、すべての賭けに対する巨大カジノの取り分である平均一％の手数料のおかげだ。

メリルリンチは救世軍ではないし、私が利用している人なつこいブローカーはソーシャルワーカーではない。彼らがどれほど顧客を気に入っていても、彼らの仕事は手数料を得ることだ。彼らが買うようにとか、売るようにと助言をしたり、ほかの銘柄への乗り換えや「ポートフォリオの調整」などを勧めたりするのはすべて、このためだと理解すべきだ。

私はカジノと株式ブローカーには重要な違いがあることを学んだ。ディーラーは通常、給料を稼ぐために働く。顧客からお金を強奪されてクビにならないかぎり、だれが勝とうと気にかけない。一方、ブローカーの稼ぎは顧客の売買数量そのものに影響される。顧客に利益があれば素晴らしい。その顧客はしばらくすれば、また戻ってきてくれるだろう。ブローカーにとって重要なことは、顧客が売買をして手数料を支払ってくれることだ。

もう一つ、学んだことがある。私は素早く売買をして小さな利益が得られるとワクワクした。トレードを頻繁に繰り返して、大勝負をしている気になっていた。ブローカーにとって、これほどうれしいことはなかっただろう。彼は私がほかの銘柄に乗り換えることにけっして反対しなかった。だが、私は勝っているときでさえ損を出していた。

規律を身に付けるまでに、私は多少の経験をした。一～二ポイントというわずかな利益を狙ってトレードを繰り返しても経費を入れると、月末には必ず赤字になった。

カジノの正直なディーラーでさえ、間違った助言をすることがある。そして、この点では、私の知っているブローカーの何人かは彼ら自身に思惑があるために、もっと信頼できなかった。

例えば、一九五五年に私がニューヨークでトレードに慣れてきたばかりのころ、ダンスの公演のために一カ月、そこを離れることになった。その当時、私の取引を仲介していたブローカーのスミス氏をかなり信頼していたので、私に代わって一万ドルまで動かす権限を与えることに決めた。私は彼に自分の裁量で資金を動かすようにと伝えた。

彼はそうした。アルミニウム関連銘柄は朝鮮戦争後にもてはやされていたが、その年は特にそれらの銘柄に人気が集中していた。アルミニウムは将来性のある金属だった！　あらゆるものがそれで作られようとしていた。飛行機だけでなく、ビル、自動車、家具、乳母車、それにおそらくビリヤードの玉もだ。全世界がアルミニウムで作り直されていくような勢いだった。そして、この種の話のおかげで、アルミニウム関連銘柄の株価は急騰していた。

彼はアルミニウム銘柄を買った。そして、それを売った。それから気が変わって、再びそれを買った。私が一カ月後に戻ると、彼は私のために次のような取引をしていたことが分かった。

カイザー・アルミニウムを四九ドルで買い、五一ドルで売る。四八ドルまで押すと買い直して、四九ドルで売る。医薬品のシェリング・コーポレーションが気に入ったので、カイザーを売って、シェリングを二二ドルで買い、二八ドルで売る。再び、カイザーを六〇ドルで買って、六二ドルで売る。そして、二ポイントというわずかな利益を取るために、再びシェリングを買い、また売る。この間、カイザーもシェリングも天井を付ける気配もなく、上げ続けていた！

その間、彼は自分のお気に入り銘柄である鉄道株に私の一万ドルの一部をつぎ込んで二八ドルで買い、それが二七、二六、二五、二四ドルと、一ポイントずつ下げているのに持ち続けていた。このことを知って、私はぼうぜんとした……。

彼は私のために合計でおよそ四〇回の売買をしていて、上げ続けていた二銘柄は買ってはすぐに売るを繰り返した一方で、下げ続けていた銘柄にはしがみついていた！　私がニューヨークに戻ったとき、彼はカイザーもシェリングも売っていたが、下げ続けていた鉄道株はまだ持っていた。私は彼にそれを売るように指示するほかなかった。それでも、彼は異議を唱えて、「心配しなくても、また元の株価くらいには上昇しますよ」と言った。

彼がアルミニウム株と医薬品株を売った理由は「利食いする」ためだった。逆に、下げている鉄道株を保有していたのは、損を出したと私に言いたくなかったからだった！

実は、私は全部で三〇〇ドルほどの利益を得ていた。

彼も利益を出していた。彼が得た手数料の合計は三〇〇〇ドルになっていた。

彼がカイザー・アルミニウムを買って持ち続けていたら、逆の状況になっていただろう。

ブローカーは手数料で一五〇ドルを稼ぎ、私は彼が得た三〇〇〇ドルを稼いでいただろう。ほかのブローカーだったら、自分の取り分を減らして私の利益がもっと出るようにうまく資金を動かしていたかもしれない。だが、すでに述べたように、ブローカーの仕事は手数料を稼ぐことなので、彼が自分に必要なことよりも私の関心事を優先するだろうという期待はできない。

ウォール街の「利食い千人力」という格言はディーラーにとってはまったく正しい。スミスのおかげで、私はそのことを確信した。

また、彼から学んだ教訓のおかげで、私は自分のルールを作ることになった。そして、それによって将来、大いに報われることになる。

上げているうちは、私はけっして持ち株を売らない。どうして、勝ち馬から降りる必要があるだろうか。そして、下げている持ち株はけっして持ち続けない。どうして負け組にしがみつく必要があるだろうか。その銘柄が大きく上昇してから乗っても遅くないのだ。

第3章 クルーピエ

あらゆる賭け事にも、ほかのほぼすべてのお金と運がかかわることにも言えることだが、株式市場では不正操作が行われることがある。

不正な回転盤を使ってつかまったクルーピエ（カジノでお金を配分する係）たちがいるのと同じように、あくどい取引でつまずいたウォール街の有力者たちもいる。NYSE（ニューヨーク証券取引所）の理事長だったリチャード・ホイットニーは証券取引所を「完璧な機関であり、神から与えられた市場だ」と熱く語った。だが、大喜びするのは早すぎたかもしれない。彼は顧客のお金、五六六万二〇〇〇ドルを「不正に流用した」ため、自分が経営する証券会社はNYSEでの取引を停止された。

しかし、カジノの経営者たちもウォール街の経営者たちも、自分たちの会社を経営する権利と能力を固く信じている。そして、ウォール街は過去三〇年間、大きなスキャンダルをなんとか比較的少なく抑えてきた。証券業界の強大な広報グループは小さなスキャンダルをはぐらかして、業界の社会的信用が極めて高いというイメージを保ち、美化することにだいたい成功している。

一九三四年以降、SEC（証券取引委員会）は「ウォール街の監視者」とみなされてきた。ウォール街はこの考えに実際には慣れなかった。ウィル・ロジャーズが言ったように、「普通の連中は警官に見張られるのを間違いなく嫌がる」。しかし、何百万人もの投資家の財産に影響を及ぼすシステムの重大な欠陥について報告するときでも、SECは一機関としての株式市場に対して市民の信頼が失われないように気をつけている。それでも、SECの最新報告や無数の個別調査の記録を調べれば、非常に多くのごまかしがあることが分かる。個人的には、私はそれを止める方法があるか疑わしいと思っている。ウォール街では、相場におけるただし書きは、「ギャンブルをする人はご注意を」と解釈すべきだ。

相場操縦については、私自身もウォール街に足を踏み入れたばかりのころに経験した。ニューヨークの株式市場で取引を始めて最初の二年間は、AMEX（アメリカン証券取引所）でかなりの売買を繰り返した。ＡＭＥＸ――ＮＹＳＥよりは小規模だが、それでもアメリカで二番目に重要な取引所――の魅力の一つは、低位株を幅広く扱っていることだ。多くの相場初心者と同じく、私は次のように考えていた。私の投資資金は限られている。それならば、できるだけ株数を増やせばよいではないか。

低位株を買う人は多いだろうから、値嵩株以上にとまでは言えなくても、同じくらい上げる可能性は十分にありそうだ、と私は思った。それに、一〇ドルで一〇〇〇株買ったものが一ポイント上げても大したことはなさそうに思えるが、利益は一〇〇〇ドルになる。一方、例えば一〇〇ドルの銘柄を一〇〇株買って一ポイント上げても、同じ一万ドルの投資に対する利益は取るに足りないほどだ。

残念ながら、私は間違った音楽に合わせて踊っていた。私の推理は、カナダの低位株市場で投資を始めたことに影響されていただけだった。実のところ、いわゆる「割安銘柄」よりも優良株のほうがいつでも、はるかに活発に動く。そのうえ、より高値の銘柄を売買するほうが手数料を大幅に節約できた。私はウォール街であれ、どこであれ、わずかな手数料でも、積み重なるとあっという間に大変な金額になるという結論に達した。

それはさておき、私はＡＭＥＸでトレードを始めた。私はこの時期、希望を抱いたほかの小口投資家と同様に、ゆがめられたルーレット盤ほどに不正な勝負に賭けていたのだが、そのことにはまったく気づいていなかった。

私はとても幸運だった。たしかに、私はこれらの取引すべてで大した利益は出せなかった。しかし、のちに分かるのだが、私は二年間にわたって実によく似た銘柄に賭けていたのに、大きな損を出さずに逃げ切っていたのだ。

それらの銘柄には次のものが含まれていた。

●シルバー・クリーク・プレシジョン
●トンプソン・スターレット
●サーボ・コーポレーション・オブ・アメリカ
●スワン・フィンチ・オイル

これらの銘柄にピンとくるだろうか。これらには共通点が一つある。どれもジェラルド・A・リー（ジェリー）とジェラルド・F・リーというAMEXのスペシャリストである父によって取引されていた銘柄だ。

スワン・フィンチに関しては、ローウェル・ビレルがこの株で甘い汁を吸っていたという点で、さらに違いがあった。彼は株式市場の歴史でほかのどんな詐欺師よりも多くの企業から何百万ドルも略奪した金融界の天才であり、相場操縦の達人と言われている。

彼は今、リオ・デ・ジャネイロに逃亡している。

この事件については、ジェラルド親子の悪巧みはビレルのしたことほどには目立たないかもしれないが、ビレルよりもＡＭＥＸと密接にかかわっていて、おそらく、はるかに幅広い銘柄で極めて多くの投資家に影響を及ぼしただろう。これらの銘柄のどれも、この親子が取引に同意しなければ買うことも売ることもできなかった。

スワン・フィンチの事例はこの種の典型例という点で特に興味深い。これは株式市場のブローカー兼スペシャリストであり、ウォール街というカジノのクルーピエの役割をうかがわせるからだ。

私はスペシャリストが相場で重要な役割を果たしていることに気づいた。

コミッションブローカー（フロアで売買の執行をして手数料を取るブローカー）とカジノのディーラーに相当する「顧客担当ブローカー」は一般市民と直接に取引する。彼らは証券取引所の会員として、あるいは会員ブローカーと協力して、顧客である私ができないことを私のためにする立場にある。つまり、取引所のフロアで株を買って売るのだ。もちろん、これはとても大切な手数料を稼ぐために行われる。

しかし、彼らはこの仕事を単独では行わない。ほかのブローカーのために手数料を取って注文を執行するために走り回る二ドルブローカーや、コミッションブローカーを通して自己勘定で大量に買って小口で売る端株ブローカーに加えて、ここでスペシャリストが登場するのだ。

スペシャリストは自己勘定でも、ほかのブローカーに対する仕事としてもトレードをする。スペシャリストと呼ばれるのは、彼らが限られた数の銘柄を「専門に扱う」からで、それらの銘柄に関しては独占的にトレードできる。取引所の会員としての彼らの伝統的な機能は、公平な相場を維持することだ。それは需要があれば自分の口座からでも売り、ほかに買い注文がなければ自ら進んで買うことを意味する。

この点で、彼らの価値は市場で緩衝装置の役目を果たす点にある。人気銘柄が一時的に不足して、不当に高くならないようにすると同時に、売りが出たときに買い手がいないために株価が不当に急落しないようにする。

これらはどれも非常に重要だ。そして、当然ながら、スペシャリストには多大な権限が与えられている。彼らの「板」にはさまざまな銘柄の売り気配の株価が記載されている。一方で、彼らは買い注文が出されている株価のリストも持っている。そのため、悪徳スペシャリストはお金を自分の懐に入れる操作をいくつか実行できる立場にある。

例えば、彼らはいわゆる「ストップロス（損切りの逆指値）」の売り注文が執行されたときに、続けてほかのストップロス注文も執行される株価水準が板から分かる立場にある。そして、そうした売りの連鎖によって、特定の銘柄の株価がどこまで下げるかも分かる。この種の情報は空売りで儲けようと考えているトレーダーにとって、とても貴重だ。彼らは現在の気配値で借りた銘柄を売って、株価が下げたときに買い戻して借りた株を返す。株価の差が彼らの利益になる。

株価トレンドの判断に基づいて動く空売り筋は、株価が下げると思い込んでギャンブルをしているだけだ。しかし、スペシャリストの「板」を見て、どの水準でどれだけの売り注文が出ているかを知っているトレーダーは、もはやギャンブルをしていない。彼は確実に儲かることに賭けている。そのため、スペシャリストは権限がない人に板を見せることを固く禁じられている。そして、彼らが自己勘定で行う取引についてほかにもいくつか規則があり、自分が知った情報を不当に利用しないように決められている。

そうした規則があるにもかかわらず、一部のスペシャリストはときどき、それらを無視することが知られている。実際、ＳＥＣ（証券取引委員会）の調査によって、相場操縦は必ずと言ってよいほど、スペシャリストが共謀していることが判明している。

ＳＥＣ文書に記載されているリー・リー・アンド・サガレゼに関して、ジェリー・リーとその息子の役割は未登録株を何千株も売ることだった。それは記録に残るかぎり、最大の株価水増し操作の一つだった。

一九五四年に、ローウェル・ビレルはスワン・フィンチ株を一万一六八二株、取得した。これは当時の発行済み株式のほぼ三分の一で、経営支配権を握るのに十分な株数だった。この会社は彼の目的にとって重要だった。そこはＡＭＥＸで長く取引されていた老舗企業だった。さらに、この株には非上場取引権というものがあった。これは大部分のほかの会社と異なり、新株発行についての報告書を含めて、上場企業に必要な決算報告をする必要がないことを意味した。

ビレルは次々と会社を買収して、スワン・フィンチ社の拡大計画に取り組み始めた。これらの買収はスワン・フィンチ社の新株発行によってまかなわれた。新株がＳＥＣに登録されて、証券取引法が会社に義務づけている情報開示をしていたら、市民の多くはお金を失わずに済んだだろう。

ビレルがスワン・フィンチ社の経営権を握った直後に、この会社の株のスペシャリストとして、それまでのブローカー兼スペシャリストに代わってジェリー・リーとその息子が指名された。そして、ほぼ同じころに、チャーリー・グランデという調教師がジョセフソール・アンド・カンパニーに証券口座を開いた。

公的な記録はないものの、その直後からスワン・フィンチの新規発行株が市場に流入し始めた。チャーリー・グランデが名目上の売り手となり、リー親子がそれを流通させる役目を担った。

グランデはまず五〇〇〇株を売った。その後、SECが明らかにしたように、リー親子が同時に五〇〇〇株を取得した。SECによると、これらの取引の資金を提供したのはペン火災保険会社だった。驚くなかれ！　ペン火災保険会社の正体はローウェル・ビレルだった。ビレルは自分自身から買うために資金を提供していたのだ。実際にお金が動いたのかどうかはいまだに謎だ。

とにかく、一万株は微々たる量だった。その後、スワン・フィンチの普通株は夏のコバエさながらに増えて、調教師のチャーリー・グランデとスペシャリストのリー親子を通じて大量に一般市民の手に渡り始めた。

もともとは三万五〇〇〇株だけだった普通株が、二年半以内に二〇一万六五六六株になっていた。この総株数のうち、一九五四年七月から一九五七年四月ごろまでにリー親子は五七万八〇〇〇株を売った。時価総額では三〇〇万ドル以上だった。また、総株数のうち四八万一九〇〇株、つまり一七七万六〇九九ドル分はチャーリー・グランデの口座を経由して動いた（彼は約八〇〇〇ドルを手にして相場から手を引いたと、のちに証言している）。

一九五六年一二月一八日からの二カ月間に、チャーリー・グランデは名目上、スワン・フィンチを四四万一〇〇〇株売り、彼の友人であるリー親子がそれを流通させた。同時に、新株はほかにも一七もの口座を通じて市民に売られていたが、SECによると、それらのいずれもジェリー・リーとその息子が管理する架空名義口座だった。SECによると、取引された株のほとんどは、直接または間接的にビレルにさかのぼることができる。どの株もSECに一度も登録されなかった。

スワン・フィンチ社が受けた非上場取引権の重要性がここで明らかになる。決算報告書についての通常の要件を満たす義務があったら、ビレルが大々的に行っていた株価水増し操作はすぐに知られて、株は無価値になっていただろう。

株価を維持するために、細心の注意が払われていた。
チャーリー・グランデのSECでの証言から、その手法の一端が垣間見える。

質問　ところで、あなたはスワン・フィンチを一六・八七五ドルで七五株売って、同じ価格で七五株買っていますね。
答弁　そのとおりです。
質問　どうして、そんなことをしたのですか？
答弁　当時の私は愚かなことをいろいろしました。
質問　そのような取引をした理由として、何が考えられますか？
答弁　今では理由は説明できません。どうして、そんなことをしたのかさえ覚えていませんが、とても楽しんでいました。

チャーリー・グランデが楽しんでいる間、リー親子とビレルはお金を儲けていた。リー親子はスワン・フィンチ株を合計で三〇〇万ドル分売って、ビレルはおそらく自分の取り分を得ただろう。しかし、リー親子が売った五七万株は新たに発行された株の二五％をわずかに超えていただけだった。SECによると、ビレルは残りの株を売却するという問題を、単にそれらを担保に差し出すことで解決した。それらは一五〇万ドルの融資に対する保証として担保に入れられた。融資が債務不履行になったとき、金融業者たちはそれらの株はSECに登録することなく売る権利があると主張して、株の処分売りを始めた。それらは「差し押さえ物件」の売却だから、登録を免除されているというのがその根拠だった。

SECはこの主張に対して、金融業者は違法な株の販売を仲介していただけだと事実上の告発を行って争った。しかし、AMEXがスワン・フィンチ株のすべての取引を停止したのは、一九五七年四月になってからだった。そして、リー親子が取引で果たした役割のために処罰されるまでに、さらに一年半かかった。しかも、父のほうに三〇日の業務停止処分が下されただけだった。そのうえ、その期間はジェリー・リーが年次休暇を取る一月に重なるように決められた。

リー親子が起訴されたのはかなりあとのことで、AMEXのトップから平社員までの調査が済んでからだった。そして、取引所の会員で怪しい行為をしていたのは、この二人のスペシャリストに限らないことが明らかになった。

SECの記録によると、発行済みのトンプソン・スターレット株の売り出し価格をつり上げるためにリー親子が株価操作を行ったとき、何人かのフロアトレーダーも共謀していた。そして、ほかの十数銘柄についても株価操作が行われていたことが明らかになった。これらは孤立した事例ではなく、数年以上にわたって頻繁に繰り返されていた。

一九六一年一二月にＡＭＥＸのエドワード・マコーミック理事長が非難を受けて辞任したことで、アメリカで二番目に大きな証券取引所をむしばむ病の本質が明るみに出た。

彼はこの九カ月前に、自分のことを「ウォール街にやって来た手ごわい警官」と言い、ＡＭＥＸは「世界で最も良く管理された証券取引所」だと得意げに話していた。だが、次のことが明るみに出ると、年収七万五〇〇〇ドルの職を辞任した。

一．彼はリー親子が推奨する銘柄や、ＡＭＥＸでの上場特権を望む会社の株を自分の口座で買うという利益相反取引を無数に行っていた。

二．ビレルの同僚（ビレルは一時期、キューバに本社を置いていた）であり、投資詐欺で有罪になったアレキサンダー・グテルマの顧客として一九五五年にハバナに滞在していたとき、彼はギャンブルの借金の五〇〇〇ドルをグテルマに支払ってもらった。

グテルマは当時、二人のギャンブラーと共同経営をしていた会社をＡＭＥＸに上場しようと画策していた。この上場計画は挫折したが、マコーミックの判断が優れているという評判を維持する役には立たなかった。また、市民はこの話で安心することもなかった。まもなく、ＡＭＥＸの異常事態についてもっと詳しい報告がなされた。しかも、それは序章にすぎず、議会が七五万ドルの予算をつけると、株式市場の全面的な調査に発展した。

マコーミック事件についてはは余談がある。ある夕方の夕食前に、私がたまたまルーベンスというラウンジで一人でカクテルを飲んでいたら、なんとマコーミック本人が私の横に現れた。

驚いたことに、ＡＭＥＸの理事長は顔を真っ赤にして、敵意をむき出しに大声で私に言った。「君のことは知ってるぞ！　君が株式市場で二〇〇万ドルを儲けたと言っている男だろう」。彼はさらに声を荒らげて、「気づいているんだろうな。君が書いたくだらない本のせいで、市場は大損害を被ったんだ」。

しばらく、私は彼が何のことを言っているのか理解できなかった。そして、突然、気づいた。相場で成功したどの話にも言えるが、**『私は株で200万ドル儲けた』**（パンローリング）がよく売れたら、株に対して初めて関心を持つ人々が現れるので、証券取引所の役員たちはみんな喜んでいいはずだった。だが、反応は予想外だった。私がストップロス注文を使っていたことを発表したために、同じ注文が大量に出されたのだ。その影響は一度ではなく何度かあり、株価が下げたときに一つのストップロス注文が次のストップロス注文を引き起こして、売りの連鎖反応が起きた。

株価は急速に下げて、スペシャリストの「板」にたまったストップロス注文が尽きるまで〇・一二五ポイントずつ、時には〇・二五ポイントずつ下げた。その後はもちろん、空売りの買い戻しをするトレーダーと割安銘柄を狙っている人々が買い始めるために、株価は再び上げた。

ＮＹＳＥに比べると出来高が比較的少ないＡＭＥＸのような市場では、そこまで急激な株価の変動は歓迎されなかった。

理由はもちろん、そんな値動きが起きると、株の「価値」を説くブローカーの話はすべて無意味になり、実は市場がカジノだということがあらわになるからだ。

私の著書が出版された結果、ＡＭＥＸの役員はストップロス注文の使用を停止せざるを得なくなった。そして、その停止は今日まで続いている（ＮＹＳＥではまだこの注文が可能だが、特定の銘柄でこの注文が極端に増えた場合は、一時的に停止されることがある）。

当然ながら、私はマコーミックとは親しくならなかった。彼は騒ぎ続けた。私は彼を落ち着かせようとしたが、無駄だった。とうとう、私は彼にはっきりと言うしかなかった。

「マコーミックさん、お願いです。騒ぎ立てないでください。私は静かに飲むためにここに来たのです。この話は終わりにしたい。ですから、私が怒り出す前に向こうに行ってください」

「ウォール街にやって来た手ごわい警官」は黙ってしばらく私をじっと見たあと、立ち去った。アクロバットダンサーでいることには利点が一つある。それは体がたくましいということだ。

バーでこの出来事が起きたのは一九六一年一〇月のことだった。その二カ月後に、マコーミックが辞任したという記事を読んで、私は思った。彼は一体、だれが市場を「破壊している」と言ったのだ、と。

私は単に相場について説教じみたことを言うために、株価の水増しや相場操縦について触れたのではない。どんなギャンブルでも、大きな賭けがなされるときには、不正はほとんど避けがたい。そして、株式市場は本質的にギャンブル事業であり、賭けで動くお金は数十億ドルに達する。

一九二九年にウォール街で大暴落が起きた結果、SECが誕生した。それ以来、ウォール街から常に激しく反対されながらも、証券業界にはいくつかの規制が課された。以前はSECと闘っていた証券会社は今やSECの存在を、株でギャンブルをするのは立派なことだと市民に保証する良い広告と見ている。また、以前は合法的だった慣行の一部が今では違法とされたものの、最近のSECの報告書が示すように、実態はあまり変わっていない。

「株価操作」を行うには、「賭け金」を集めて「見せかけの」トレードを始めることがトレーダーたちに了解されていれば済む。そのため、それがいつ行われているかを知るのは事実上不可能だ。そして、どれだけ法律を作って監視をしても、これをなくすことはできないだろう。

私自身の結論は昔も今も、それは投資家にとって大した違いではないという考えだ。私がのちに発見するように、株の「価値」はすべて人為的なものなので、株価操作による株価の変動と、需要供給の結果として生じる自然な変動との間に実務上の差はないのだ。どちらの場合でも、株価の変動はティッカー上では同じに見える。

フロアトレーダーと真剣なトレーダー（だれもお金のことを軽く考えはしないので私自

身もここに含まれる）は、「ストップロス」注文を賢明に使って自分を守る。これはブローカー経由でスペシャリストに出す注文で、株価が前もって決めておいた水準まで下げたら売る注文だ。

自動的に損切りされる注文は、私が「ボックス理論」を発見して、それを進化させるうえで欠かせないものだった。そして、このボックス理論によって、私はやがて株式相場で二〇〇万ドル以上を儲けることになる。

ＡＭＥＸでトレードをしていたとき、私はまだボックス理論を完成させていなかった。だが、持ち株が予想外に下げたときに何としても身を守る手段が必要だということはすでに理解していた。そして、ストップロス注文はどんな大幅下落からでも、九九％は確実に自分を守れることに気づいた。もっとも、逆指値を置いた株価ぴったりでこの注文が執行されると確信することはできない。また、売り注文数があまりにも多くて、私の注文が多くのなかに埋もれてしまうこともときどきある。

私がこれまで株価操作について長々と述べてきた理由はここにある。ＡＭＥＸでトレードをしていたとき、私は株価操作されていた銘柄だとは気づかずに、それらのいくつかに賭けていた。テープ上では、それらは上昇トレンドのほかの銘柄と同じように見えた。スワン・フィンチもそれらの一つだった。私はそれがほぼ最高値までつり上げられているときに買ったが、数日後に暴落したときに持ち株は自動的に売られた。ストップロス注文を置いていたおかげで、私の損失はごくわずかで済んだ。

同じことがトンプソン・スターレットでも起きた。

どちらの銘柄もぞっとするほど下げた。私が何らかの安全策を考えついていなかったら、暴落で私の財産は大打撃を受けていただろう。どちらの暴落でも私が救われたのは、ストップロス注文の重要性を学んでいたからだ。それまでの経験から、私はこれを使って含み益の大部分を守ることを学んでいた。そのために、株価の上昇に合わせてストップロス注文を引き上げていった。

例えば、記録を見返すと、私は一九五九年一二月にボーン・ケミカルを二八ドルで一〇〇〇株買っていた。それは三四、三六、三九ドルと着実に上げていった。そして、私はストップロス注文を三一、三二、三七ドルに引き上げていった。

そして、一月に三九・五ドルを付けると、突然、急落し始めた。私の持ち株は三七ドルで自動的に売られた。売買手数料を引いた私の利益は八七五〇ドルだった。

知り合いのブローカーはそのころ私に言った。その株は「スポンサー付き」なので、適切なところで手仕舞うことができればうまくいく、と。これが実際に本当だったのか、トレーダーが絶えず耳にするウォール街の無数のうわさの一つにすぎなかったのか、私には知りようがない。確実に言えることは、ボーン・ケミカルは下げ続けたということだ。これを書いている時点の株価は約五・五ドルだ。

私がＡＭＥＸで利益を出したほかの銘柄には次のものがある。

●フェアチャイルド・カメラ
●ゼネラル・ディベロプメント
●ユニバーサル・コントロール

ボーン・ケミカルを買ったときには、二万八〇〇〇ドルの投資は大して驚くほどの金額ではなくなっていた。

当時の保有株の一つにユニバーサル・コントロールがあった。これはユニバーサル・プロダクツという社名だった一九五八年に六〇〇〇株を三五・二五ドルから四〇ドルの範囲で買ったものだ。実際に買ったのは三〇〇〇株だったのだが、私が買った直後に、一対二の株式分割があったため、株数が二倍になったのだ。そして、それまで着実に上げていた新株が一九五九年三月になって急騰し、六六ドルから一〇二ドルになった。それから、突如として反落した。

私はあわてて、下げ始めたあとの最新の気配値までストップロス注文を引き上げた。持ち株はすぐに八六・二五ドルから八九・七五ドルの範囲で売れた。高値からは一二ポイント安く売ったことになったが、それでも売値の平均は買値の二倍以上だった。純利益は四〇万九〇〇〇ドルだった。

これはその時期の主な取引の一つにすぎない。当然のことだが、損を出したこともある。それらには次のものが含まれる。

●アメリカン・モーターズ　五八四四ドル
●アドレソグラフ・マルティグラフ　四四五三ドル
●アメリカン・メタルズ・クライマックス　七四八七ドル

実は、これはアルファベット順に並んでいるように見える。損失はブランズウィック・

ボーキー・コレンダーの五四四七ドルからワーナー・ランバートの三八六一ドルにまで及ぶからだ。

だが、同時に私は株のトレード術を身に付けつつあった。そして、手痛い損も出したが、授業料を払いながら、多少の利益以上のものも得ていた。

これらの損――ほかにもあったが――を出したのは、私が最初に大きな利益を出した手法を途中で放り投げたからだった。初めのうちは自信過剰のせいで、のちにはあきらめたせいで、そんなことをしたのだが、いったん、それらの手法の完成度が高まると、私は一財産を築くことになる。

ＡＭＥＸでのちにスキャンダルに発展した市場の不正が、私にとって何らかの形で影響したかどうかは分からない。ＡＭＥＸに初めのうち持っていた興味を次第に失っていったとしたら、それは私が最初に魅力を感じていた「掘り出し物」をもはや探していなかったからだ。株式市場では、掘り出し物は常に高くつくという教訓を私は学んだ。これは逆説ではない。単純な計算に基づくものだ。

買った銘柄が安いほど、私が払った手数料の割合は高かった。ＮＹＳＥは手数料の「平均」は一％だと言うが、実のところ、格安銘柄を買いあさる人々はそれよりもはるかに高い手数料を払わなければならない。極端な例を挙げると、一ドルの銘柄一〇〇株当たりのブローカーの手数料は六ドルで、投資額に対する比率は六％になる。私の資金が一万ドルで、これをすべて一株一ドルの銘柄に投資すれば、一〇〇株当たり六ドルだから、私の総手数料は六〇〇ドルだ。

単純化のために株価に変化がないままに私が売ることに決めたとすると、もう六〇〇ドルを手数料として支払うことになる。一回の取引で、合計一二〇〇ドル、つまり私の投資額の一二％を取られることになる。さらに、税金も取られる。この比率で手数料を払いながら、この巨大カジノでいつまでプレーを続けられるだろうか。

一方、同じ一万ドルを持っていて、一株当たり一〇〇ドルの値嵩株を買ったとする。手数料は買うときにわずか四九ドル、売るときにも同じ四九ドルしか取られない。合計で九八ドルだ。大きな違いではないか。

これらの手数料の数字は私が学んだポイントをよく示している（ほかのすべての要素が等しい場合）。すなわち、私は自分で買える最も高い銘柄を、端株ではなく単位株で買うのだ。

私は多くの人が考えがちなことにはすべて手を出した。ブローカーが常に話題にしていた安い成長株はどうだろう。あるいは、優良銘柄が一時的に下げたときに買えば、市況が回復したときにきっとまた上げるのではないか。

ある人はいつも私に言う。ゼネラル・モーターズが一株五ドルだった三〇年前にそれを買って、株式分割後も持ち続けていたら、今ごろは一株が六株になり、株価は八一ドルほどになっている、と。

私が三〇年前に投資できるかなりの資金を持っていて、それを持ち続ける余裕があったとすれば、たしかに素晴らしい上昇だ。しかし、私はゼネラル・モーターズの例にこう反論する。「ああ、たしかに。でも、ニューヨーク・セントラルはどうだ。これは一九二九年に一株二五九ドルを付けたが、三四年後の今では株式分割もされていないのに二一・八七五ドルになっているよ」

実は、私のチャート集には、史上最高値近くまで一度も回復していない銘柄がごろごろしている。そして、歴史のある会社のうち、完全に消えてしまった会社は今日大きく成長している会社の二倍ある。年を取った映画スターが再び脚光を浴びることはたまにあるが、それは本当にたまにだ。一方、高齢の役者や旅芸人のための施設に入っている人がいかに多いことか。

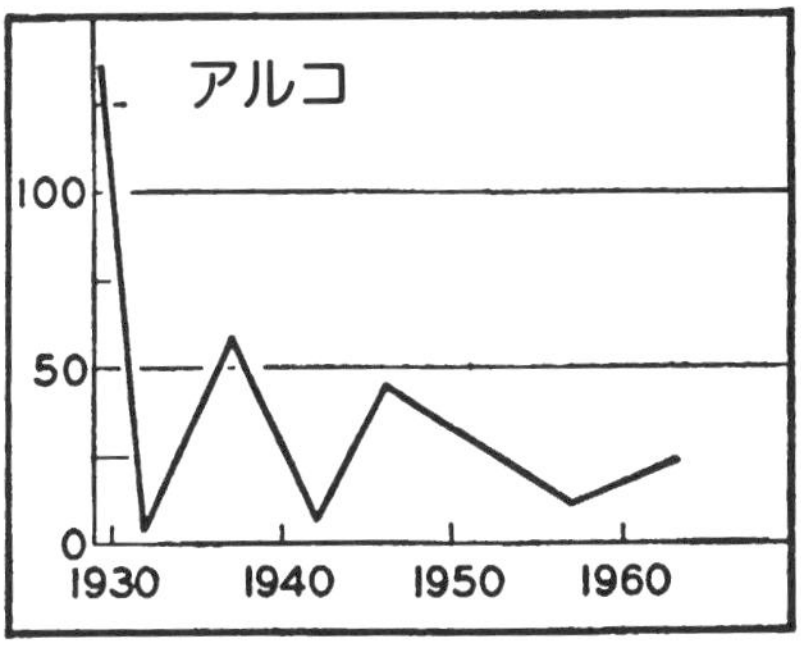
アルコ
100
50
0
1930
1940
1950
1960

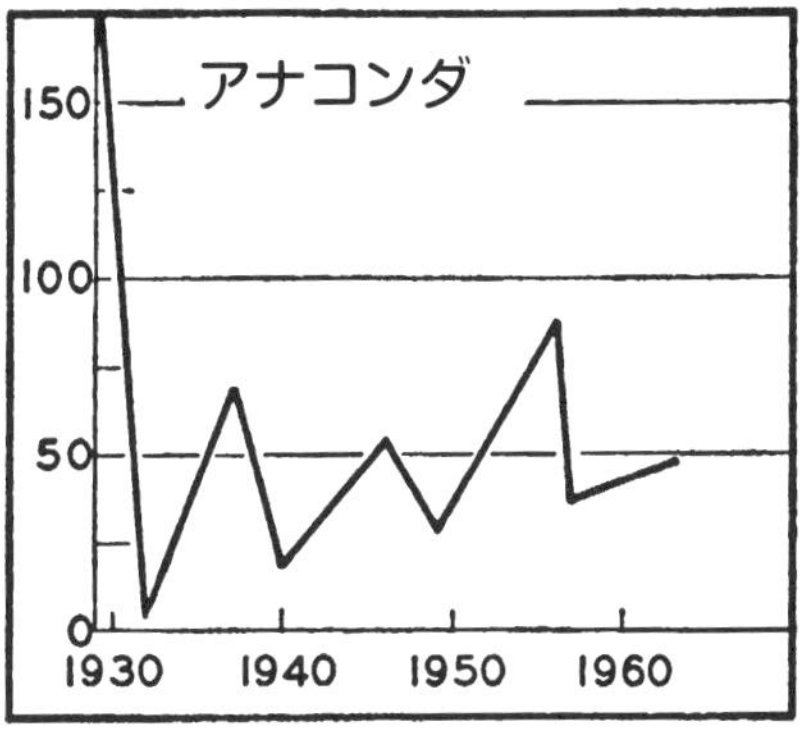
アナコンダ
150
100
50
0
1930
1940
1950
1960

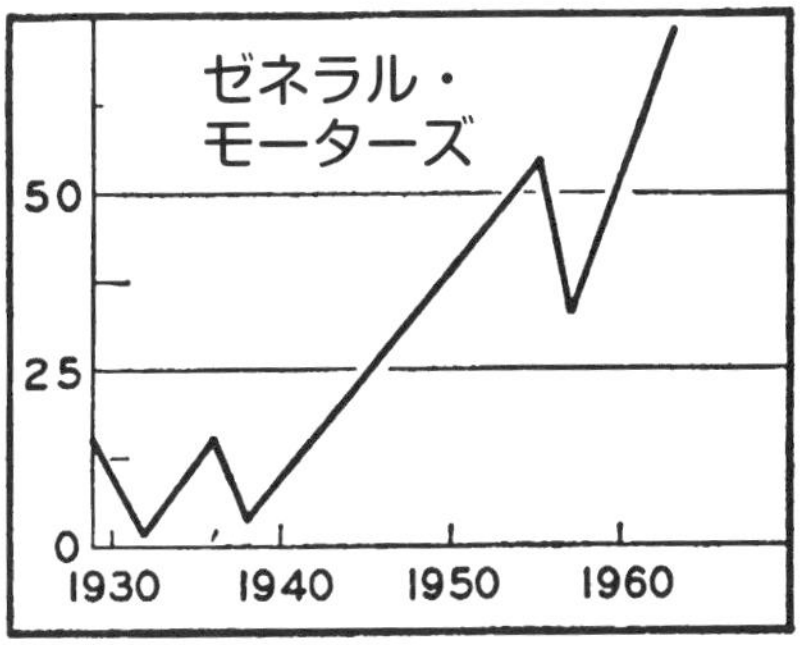
ゼネラル・
モーターズ
50
25
0
1930
1940
1950
1960

成長株についての私の記憶も同じようなものだ。一九五〇年代初期のウランブームを覚えているだろうか。ウラン探鉱のリース事業をしていて未来的な社名の約五〇〇社は、その時期以降に倒産している。それらの銘柄はすべて、当時はお買い得だった。とても安かったのだ。

風船と同じだ。安くてとても魅力があるが、はじけやすい。

さらに、値嵩株がすべてお買い得というわけではないことも分かった。私の経験では、株でも何でも価格だけに頼って買うのは愚かなことだ。ニューヨーク・セントラルはほかの多くの企業と同様にかつては優良企業だった。それが今では古くさくて精彩を欠いている。

少しだけ例を挙げよう。

アルコ・プロダクツは一九二九年には一三六ドルを付けたが、一九三七年には五九ドルまで下げた。そして、現在では約二三ドルで、株価はまだ回復していない。

アナコンダ・コッパーは一九二九年に史上最高値の一七五ドルを付けたが、現在では五二・五ドルだ。

バロース社はかつて一一三ドルまで上げたが、今では二三ドル前後だ。

USスメルティングはかつて一三一ドルを付けた。今年は急騰したが、一三一ドルにはほど遠い。

回復までの道のりは長く、けわしいこともある。高値を付けたあとに元の株価まで下げる銘柄の多くは、二度と高値まで回復することができない。

理由は経験で分かっているが、ときどき、いわゆる成長株が現れて、その株で大儲けできることがある。しかし、かつての花形株――カラーフィルムが映画界の標準になる前に大流行していたテクニカラーのような銘柄――は今日、どうなっているだろうか。

一九五〇年代後半にいわゆる宇宙銘柄ブームが起きて、適切な時期に仕掛けて適切な時期に手仕舞った人々は思わぬ大金を手にした。私に驚異的な利益をもたらした銘柄に、当時はほとんど無名だったチオコールがある。

私は一九五八年前半に四九・八七五ドルで、初めて一三〇〇株という大口で買って利益を出した。そして、そのお金でより多くのチオコール株を手に入れる権利を買った。その後、信用取引を最大限に利用したことと、運良く一対三の株式分割があったことで、最終的には合計で八六万二〇〇〇ドルの利益を得た。

これがいわゆる成長株だ！　しかし、ここで言っておくべきだと思うが、私はこの株が多くの低位株の一つだったときには買わなかった。買っていたら、一九ドルで手に入れることができた。だが、このころには、私はすでに見せかけの割安株に警戒をするようになっていた。私が考案したボックスシステムはうまくいき始めていた。私がチオコールにようやく興味を持ち始めたのは四五ドルを超えて、五〇ドル以上まで上げそうに見えてからだった。この株は本当に五〇ドルを超えて、株式分割後も上げ続け、七二ドルを付けてから下げ始めた。

売買のタイミングが重要だった。ファンダメンタルズも「成長」でさえも関係なかった。関係があるのは市場での株価の動きだった！

私は一対三の株式分割後に六八ドルを付けて、大きく勝ったところで手仕舞った。私の友人は大幅に上げてから買う大衆に従って、ちょうどこのころに仕掛けるという過ちを犯した。彼は六五ドルで買った。今日、彼はこの株を「塩漬け」にしていて、数千ドルが死に金になっている。株価は現在、およそ一九ドルだ。

チオコール社自体はまだ成長し続けている。最近はロケットに関する重要な契約を政府と交わした。そして、配当は現在、一株当たり一・一〇ドルだ。私の友人はこれらすべてに大いに励まされている。彼のブローカーは、この銘柄は明らかに今の株価よりもはるかに「価値がある」から、きっと上がる、と彼に話しているそうだ。本当にそうなるだろうか。

私は苦い経験をして、株価は実は会社の利益とは関係ないと気づかされた（関係があると考える買い手がたまたま十分にいて、その考えに従って動いたときは別だ）。**いわゆる成長株が活発にトレードされて、それで大きな利益が得られるのは、成長そのものよりもむしろ成長に対する期待が大きいからだ。**

株式相場では「安く買って、高く売れ」が自明の理とされている。だが、私には自分自身のルールがある。私はティッカーを見て、株価が上がっていると分かったときに買う。安く買おうが高く買おうが、私はけっして残念には思わない。また、クルーピエがルーレット盤に仕掛けをしていても、気にしない。

第4章 予想屋

ここで名前を言う必要はないので伏せるが、ニューヨークで私が利用している数人のブローカーのうちの一人はまったく想像力に欠けていて、それが彼の最大の美徳となっている。彼の仕事に想像力はいらない。彼の仕事は取引の仲介をして手数料を取ることだけだ。そのために想像力は必要ない。想像力はかえって仕事のじゃまになるだけかもしれない。

私から見ると、彼は理想的だ。彼は真っ正直でうわさ話はしないし、私が頼んだとおりのことをする。私が買うと言うと、買う。売ると言うと、売る。株価を尋ねると、彼は答えを知っている。私は良い顧客なので、知っていれば彼の利益になるのだ。私との取引で彼に入る手数料は一カ月に八〇〇〇ドルに達することもある。

しかし、私はときどき、この人は何を考えているのだろうと思うことがあった。彼は何年も私の証券口座の一つを扱っている。彼は私がどういうトレードをしているのか知っている。私が一日に八万ドルも稼ぐことがあるのを見てきた。それなのに、私の言うことを信じていない。

彼は私の考え方を何とも思っていない。彼の見方では、それはまったく間違っているので、何らかのからくりがあるに違いないと思っているのだ。彼は「安く買って、高く売れ」というロスチャイルドの指針に従っている。私はこのブローカーと長年の取引があるが、彼の事務所に行ったことは一度もない。だが、彼はきっと、そのモットーを額に入れて机の前の壁に飾っているに違いない。

それが彼に似つかわしい。彼は、私の頭がおかしいに違いないと思っている。私がしていることは彼のモットーとすることとはまさに正反対だからだ。私は高いときに買い、安くなりそうな兆候が現れたら、すぐに売る。

X氏――彼をこう呼んでおこう――は、私が正しいかもしれないとはけっして思わないようだ。私が一財産を築くのを目の当たりにしているのに、私の手法が彼の信条に反するので、私が正しいはずはないと思い込んでいるのだ。彼にとって、ウォール街はカジノではなく、教会であり、彼は本物の信者だ。彼は投資対象としての株の「ファンダメンタルズ」「アメリカ企業の株」についてのたわごとを固く信じている。

そして、実は多くの、そしておそらくほとんどのブローカーも彼と同じように考えている。彼らは相場がどういう動きをするかを見ていても、そこから洞察を得ることはない。現実をあるがままに見るには、業界の決まり文句に染まりすぎているのだ。

もちろん、これは彼らのせいではない。第一に、彼らの生活はカジノの動きを滞らせないでいられるかどうかにかかっている。それに、客引きのように押し売りをしてもうまくいかないことを彼らは本能か理性によって知っている。人々は株を買うときには、宝くじ以上の確率の高いものを買っていると確信したい。一方、ブローカーは手数料を得続けたければ、顧客が一つの宝くじから別の宝くじに乗り換えるもっともらしい理由を見つけるか考え出す必要がある。

第二に、ウォール街でボロ儲けを夢見る人々を相手にして暮らす予想屋が大勢いて、勤勉なスズメさながらにアドバイスや説明やこじつけ、予言や宣伝を大量にでっち上げている。それで、ブローカーたち自身もそれらに振り回されている。

X氏がウォール街という神殿を崇拝しているとすれば――実際、彼はそうしている――、これらの業者は金融界の高僧であり、まじない師であり、ガマの油売りである。彼らは年収一〇万ドルの市場アナリスト――ウォール街のコンサルタント専用の小さな高級クラブの会員――から、昼食はファストフードで週給一五〇ドルなのに百万長者にアドバイスをしている証券会社のコピーライターまでと幅広い。さらに下には恥知らずな相場の予想屋がいて、週に一ドルから年に三～四〇〇ドル稼ぐためだけのために、「人気銘柄」や「謎の銘柄」などを記した緑かピンクの紙切れを売っている。

ブローカーは自分のことを威厳があり博識でさえある職業人の一人と考えたがる。そして、彼らのためにマディソン街で乱造される広告コピーのほとんどがこのイメージを作り上げる働きをしている。広告から判断すると、典型的なブローカーは金融界のドクター・キルデア（アメリカの医療ドラマの主人公）のような人物だ。相手に関心を持ち、優しく、博識で、いつでも顧客の経済面の脈をとって、病んでいる財産や弱った財布に対する処方箋を書く用意ができている。

しかし、社会的・経済的に重大な責任を負う職に従事する人が広告をすれば、秘密が漏れて台なしになる。医者が同じことをすればどうなるか、想像してほしい！

「痛みがない方法でおできを取ります。低料金です！　あなたの血圧は低すぎませんか？

すぐに血液を増やす私たちのプログラムを試しましょう。最新のテクニックと設備でお待ちしています。切断手術は今週に限り特別割り引きです！　盲腸の手術は今までで一番お得です！　どの治療でも抗生物質は無料です！」

これはこっけいで、ちょっと驚く。しかし、株式の仲介業を単にギャンブルにつきものの仕事としてではなく、社会福祉事業として重視すべきであれば、「最近、肝臓の検査をしましたか？」という広告と、「あなたの投資ポートフォリオの無料分析を申し込みませんか？」という広告の違いは何だろうか。

違いはもちろん、自分の健康についてギャンブルをしたがる人はいないという点だ。ギャンブルはお金でするものであり、それが株式「投資」というものだ。残念なことに、カジノでアドバイスをしている人々は通常、ギャンブルについてあまりよく知らない。彼らの仕事は手数料を稼ぐことだ。あるいは、情報についてはお茶の葉占い程度で料金を取ることだ。

最近、私が気づいた例では、週刊の投資情報紙で「金融のあらゆる面」をカバーすると称するある投資顧問事業のすべてが、五番街の架空のオフィスから行われていることが分かった。金融界全体のあらゆる動向を解説するというその会社は、実際には経営者のリビングルームにあり、そこでは彼のガールフレンドが熱心に謄写版で情報紙を印刷して、切手をなめては貼っていた。

この事業を行っていた男はオフィスを借りるお金もなかったのだ。彼のビジネスは彼の頭の中にあった。彼の相場予想に何らかの価値があれば、彼は六週間のお試し購読を二ドルで売るのではなく、きっと自分でそれに従って行動していただろう。

こういう例は珍しくない。市場の情報を最初に提供したのはエデンの園のヘビだった。そして、リンゴがもたらす未来について、ヘビがしたアドバイスは現代に至るまで、その後の世代の模範となったように見える。

営業担当にとっては幸いなことに、人々はお買い得と言われたら、たとえ価値がなくても、ほとんど何でも買ってくれる。そして、私もかつては、情報紙の広告を見ると、ほぼすべての試し読みを申し込んだ。

それらのほとんどは夢のようなことを語っていた。だが、一体、何を言っているのかを分析すると、具体的な情報は何も得られなかった。「押し目買いをしなさい」。それはよいが、いつ押すのか。どれだけ買うべきなのか。いつ売るべきなのか。また、「成長株」や「短期利食い銘柄」などの推奨は情報紙によって正反対のこともよくあった。ある情報紙で推奨されていた銘柄が、ほかの情報紙ではけなされていた。また、モーニング・テレグラフという競馬新聞の「コンセンサス」欄のように、予想屋たちのコンセンサスを載せた予想サービスもあった。

私が買った株のいくつかは悲惨だった。というよりも、情報紙のアドバイスに固執していたら悲惨な目に遭っていただろう。例えば、エマーソン・ラジオだ。この銘柄は今、一二ドルほどだが、優に三〇ドル以上の「価値がある」と、ある情報会社は言い、そのことはチャートやグラフや難しいテクニカル分析でほぼ証明できていると宣伝していた。私はこの銘柄を一二・五ドルの「割安」価格で買った。だが、賢明にも、あるいは幸運にも、下げ始めたときに売った。株価は年末には五・七五ドルまで下げた。これは一九五六年の話だ。一九六三年には九ドルほどだった。今、どこかの情報サービスが、この銘柄はうまくいく要素をすべて備えているので、必ず上がる、と言っても私は驚かない。たしかに、いつか上がるかもしれない。しかし、それはいつのことだろう。そして、資金を動かせないまま、その素晴らしい日をいつまで待てばよいのだろう。

一九五七年に東京で公演をしていたとき、私はブローカーから三週続けて有名な投資顧問業者の週刊情報紙を受け取った。それらのどれも、当時の私が大金を投じていたロリラードを急いで売るようにと勧めていた。私はその株の多くを三五ドルと三六・五ドルで買っていた。顧問業者が売りを勧めていたとき、株価は四四ドルだった。私が最終的に売ったときの株価は平均五七・三七五ドルで、私の利益は二万一〇〇〇ドル以上だった。

ニューヨークで水晶占いを信じていたら、私の利益は一万七〇〇〇ドルくらい減っていただろう。幸いにも、そのころにはボックス理論を使っていたので、含み益がそれ以上増えなくなるまで売るつもりはなかった。

相場予想業者には彼ら自身の儲け方があり、ほとんどの場合、それは間違いなく彼ら自身のアドバイスに従うことではない。アドバイスはギャンブルをする大衆のためにやっていることだ。大衆が相場情報に週か年単位で払ってくれる会費のおかげで、年商数百万ドルの業界は成り立っているのだ。

公平を期すために言っておくと、適正な価値を提供しようと心がけている情報紙もある。それらは顧客にテクニカルツールを提供し、銘柄ごとのパフォーマンスの図示や経費と利益の比較などを行い、マーケットを観察できるようにしている。しかし、いろんなたくらみがあって情報を提供している事例も間違いなくある。

分かりやすい例はフランク・ペイスン・トッドという名前のベテラン市場アナリストの

事業だ。彼は「ザ・ニュー・イングランド・カウンセラー」という投資情報紙を出していた。

私がウォール街で一歩を踏み出したころの一九五五年に、トッドはカナディアン・ジャベリンの金融プログラムを評価するために五〇〇〇ドルで雇われていた。

その後まもなくして、彼はその会社の役員たちが出してくれた七万五〇〇〇ドルで、その会社の株を一万七〇〇〇株買って株主となった。ＳＥＣ（証券取引委員会）の記録によると、購入資金は彼に対する無担保融資でまかなわれた。実際に少しでも現金が動いたかどうかは分からない。いずれにせよ、彼は株を手に入れた。会社の役員たちは彼の借用証を受け取った。

彼が株主になるとすぐに、彼の発行する情報紙を購読している何百人もの会員は、カナディアン・ジャベリンがいかに素晴らしい銘柄かという記事を目にし始めた。

彼は投資状況の急変を知らせるには、郵便では遅すぎると気づいた。今や自分のお気に入りとなった銘柄に関してそれが分かったのだ。そこで、彼はこの銘柄について特別リポートを電報で出した。ＳＥＣによると、ジャベリン社のある役員は大きな喜びを伝えることのメッセージのために三七〇〇ドルを出した。

カナディアン・ジャベリン株は強気のリポートのおかげで一時期、急騰して、現在でもAMEX（アメリカン証券取引所）で取引されている。しかし、この銘柄を推奨していた中心人物であるトッドは、情報提供事業から追放された。彼は投資アドバイザーの倫理規定に著しく反したとして、一九六〇年にSECへの登録を取り消されたのだ。

この規則やSECによって、投資家は共謀から多少は守られる。だが、楽な儲け話があると言われて、欲に目がくらんだ大衆を守るにはほとんど役に立たない。

口先のうまい営業マンにとって売れないものは文字どおり何もないし、信じやすい人々にとって常識外れな主張はないと分かっている。科学で奇跡が起こせる時代には、すべてが奇跡的だ。空飛ぶ円盤があってもよいではないか。月旅行があってもよいではないか。一九五八〜一九六〇年にニューヨーク州の投資家たちは、オーティス・T・カーという詐欺師がでっち上げたOTCエンタープライジズに五万ドル以上を投資した。幸運な株主を月へ連れて行ける宇宙船――事実上の空飛ぶ円盤――を彼の会社が開発したと保証したからだ。

彼はそれでは不十分と考えたのか、空飛ぶ円盤のエンジンは永久運動によって、燃料がなくても無限に動き続けると主張した！

最後に、彼は投資詐欺を働き、オクラホマで服役した。だが、興味深いことに、それにもかかわらず、お金をだまし取られた市民のだれ一人として、お金を取り戻せる望みはなかった。

一九五九年にNYSE（ニューヨーク証券取引所）が行った調査によると、その当時に株を保有していたアメリカ人の優に四〇％が、普通株とはどういうものなのかを正確に答えられなかった。彼らはそれらの株を少なくとも一銘柄は保有していた。彼らはそれにお金を払い、儲かることを期待していた。だが、それは一体、何なのだろうか？

SECの調査によると、株を「すぐに」買おうと考えていた一二八〇万人のうちの半分は、普通株の十分な定義を言えなかった。彼らは普通株への投資を考えるだろうか？　もちろんだ。調査の全体から判断すると、六五〇〇万人のアメリカ人はそれが良い考えかもしれないと思っている。一体、彼らは何を考えているのだろうか。金塊で敷き詰められたウォール街という通りと関係しているということ以外は、だれもはっきりとは分からない。

情報屋が大儲けするのも当然だ！

ウォール街の歴史を振り返っていて私が発見できた最初の相場予測は、一八九八年のニューヨーク・タイムズの広告で、銀行業と株式仲介業を営むハイト・アンド・フリーズのものだった。

現代と同じく、当時も誘い文句は利益だった！

一月に上昇すると信じる申し分のない理由があります……。

そして、ただで手に入る魅力的なものがあった！

四〇〇ページの手引書を差し上げます。すべての鉄道と工業地の正確な位置を示した鉄道路線図付きで、一〇～三〇年間の株式、債券、穀物、綿花の最高値と最安値や、信用取引での売買法も含まれています。お申し込みはお手紙かお電話でどうぞ。

ウォール街では、上昇が期待できる「申し分のない理由」が常にある。この点では一八九八年以降、本当に変わったことは何もない。変わったのは売り込みの文句だけで、それは以前よりもしつこくて、多少もったいぶっている。

巨額の利益が得られる可能性あり！
ほぼすべての投資家が持つべき銘柄の一つ！
えり抜きのバリュー株です！
投資での成功を狙う一二の方法！
今、上昇相場に入っています！

情報サービスとお茶の葉占いはほとんど例外なく、売る商品を一つ持っている。競馬の予想屋のように、彼らは勝つ銘柄が分かると主張して、いくらかお金を払えば秘密を打ち明けてくれる。ウォール街の予想屋のシートでは、雨はけっして降らない。いつも晴れていて、マーケットは常に強気相場か、強気相場になる直前だ。

成長株！「眠れる巨人」である業界に大幅値上がりの好材料！　並外れたリターン！

どうして情報屋は自らこの成長に乗り、「眠れる巨人」に少しばかりお金を投じて、並外れたリターンを得ないのだろうか。彼らはなんとか慈善家のように振る舞うが、彼らが他人に特別な情報を売る必要があるのならば、それは明らかに自ら実行するほどに特別なものではないからだ。

予言！　それは素晴らしい。しかし、新聞を読んでさえいれば、多くのお金が節約できると分かった。どの銘柄がどういう動きをしていて、実際に最も上げているのはどれなのかを注意深く観察していたら、私は自分にとっての「眠れる巨人」をすぐに発見できた。

最近、私は有名な相場予測サービスから次の手紙を受け取った。

親愛なる友へ

あなたは銘柄選別に役立つ自分専用の電子「頭脳」があればよいのにと思ったことはありませんか？　ちょっと考えてみてください。情報を入力すれば、相場予測をする際にとても重要な答えが数秒で得られるのです……。

先日、私たちはコンピューター「頭脳」に特別な問題を解かせました。私たちは次に買う機会が訪れたときに、どの銘柄が最も成長しそうかを知りたかったのです。それで、大量のデータを入力しました。すると、答えを返してきたのです！

水晶占いの業界は今や電子的になった。七カ月の定期購読料として、わずか三七・五〇ドルを払えば、コンピューターによって選別された成長株のリストが手に入る。それはきっと長期的に資金を増やせる「最良銘柄」であり、「どこまでも上げ続ける」銘柄に違いない。

幸いにも、私はどの銘柄が上げ続けるかを知るために電子頭脳を必要としなかった。新聞の株価欄を見れば、どの銘柄が実際にいつ上げているかが分かる。そのときまで、私は株に興味を持たない。

また、常識で分かることを知るために、電子頭脳は必要ない。予言者が相場の勝ち組についてのそうした情報を、科学を使って得られるのであれば、彼らはそれを「週に一ドルちょっと」で売るはずはない。彼らはその情報を秘密にするだろう。

予想会社が電子頭脳でさらに提供しているのが警告サービスだ。会社によると、相場に暴落の兆しが現れたらいつでも、警告の速報を手紙で出すことで、一九二九年以降これまでに投資家の大金を守ってきたと言う。

これは株式を銀行の貸金庫に預けて、それを年に二回しか見ない人にとってはよいかもしれない。しかし、私が分かる範囲では、単純なストップロス注文ほど速くも効率的でもない。株式相場が全般に下げているときに、会社は手紙で知らせると言う。ストップロス注文は私に手紙も何も送ってこない。だが、私の持ち株が下げ始めた瞬間に、自動的に機能する。そして、週に一ドルすら必要ない。お金は何もかからないのだ！

ウォール街の予想業者は全体としてどれくらい成功しているのだろうか。

通常、彼らは相場について、ウォール街の素人よりも少しばかり詳しい。彼らは株式関係の専門用語を身に付けている。各種の指標やトレンド、平均、オプション、プット、コール、ストラドル、スプレッド、ストリップ、ストラップなどの呪文を知っているのだ。彼らはダウライン、利益ライン、バリューライン、端株指数、騰落ラインについて知っている。しかし、何たることか！彼らは私の持ち株がいつ上げ始めて、どこまで上げるのかという重要な情報は提供できないのだ。

株価が上げるか下げるかにかかわらず、私に重要な情報を伝えるという点では、実はまったくの運でも、お金で手に入るどんなものとも変わらないほどに正確な相場予想を生み出せる。

私がコインをはじくか、良さそうな銘柄を選ぶか、ロールシャッハテストか目隠しをしてピンを刺すかすれば、平均の法則によって予想屋やトレンド予測業者と似た結果が得られるだろう。

毎日、数百銘柄が上昇して、数百銘柄が下落する。そして、たいてい数十銘柄は取引がほとんどないために変化がない。

強気相場では、下げる銘柄よりも上げる銘柄のほうが多い。下落相場では逆になる。しかし、強気相場でも弱気相場でも、上げる銘柄も下げる銘柄もあることを私は忘れはしない。さらに、前日に上げた銘柄の多くは翌日には下げる。上げる銘柄と下げる銘柄との間に明確で永続的な境界はない。あれば、動きはなくなるだろう。下げる銘柄はやがて無価値になり、上げる銘柄は高くなりすぎて流通しなくなるからだ。

買った株がどの方向に動くかを確実に知る方法はない。上げるだろうか、下げるだろうか？　繰り返しになるが、それがウォール街の予想屋に分かるのならば、彼らは私にアドバイスを売ろうとは絶対にしないだろう。彼らがその情報に従って投資をしているはずだからだ。

一二三ページの表はＮＹＳＥで取引されている株が、適当に選んだ一〇日間（まる二週間）にどう動いたかを示したものだ。

一週目の値上がり銘柄数と値下がり銘柄数を毎日、集計すると、トレンド予想屋の視点からはそれほど良い週ではなかったことが分かる。一四日の月曜日は上げた銘柄数のほうが下げた銘柄数よりも二倍多く、市場リポーターは「万歳！ 相場は良くなっているようだ」と叫んだ。一六日の水曜日は、ほぼ正反対のトレンドだった。ウォール街からはうめき声が聞こえる。だが、一七日の木曜日には振り子が反対側に動いて、多くの銘柄が上げた。下げた銘柄数は半分以下に減った。一八日の金曜日は両者の間にほとんど差がなかった。

二週目はどの日も上げた銘柄数のほうが多かった。もっとも、下げた銘柄もかなりあった。しかし、いわゆる騰落ラインを見るチャーチストのように、毎日の値上がり銘柄数と値下がり銘柄数の差を足していくと、この二週間の私のチャートはこのようになっていただろう。

一月二五日までに、私は上機嫌になっていただろう。実は、市場リポーターも同じだった。

	上昇	下落	変わらず	総取引 銘柄数
1月14日（月）	723	360	249	1332
1月15日（火）	504	556	255	1315
1月16日（水）	337	720	246	1303
1月17日（木）	712	333	259	1304
1月18日（金）	572	509	238	1319
1月21日（月）	567	485	266	1318
1月22日（火）	672	390	249	1311
1月23日（水）	619	428	264	1311
1月24日（木）	571	464	251	1286
1月25日（金）	588	461	240	1289

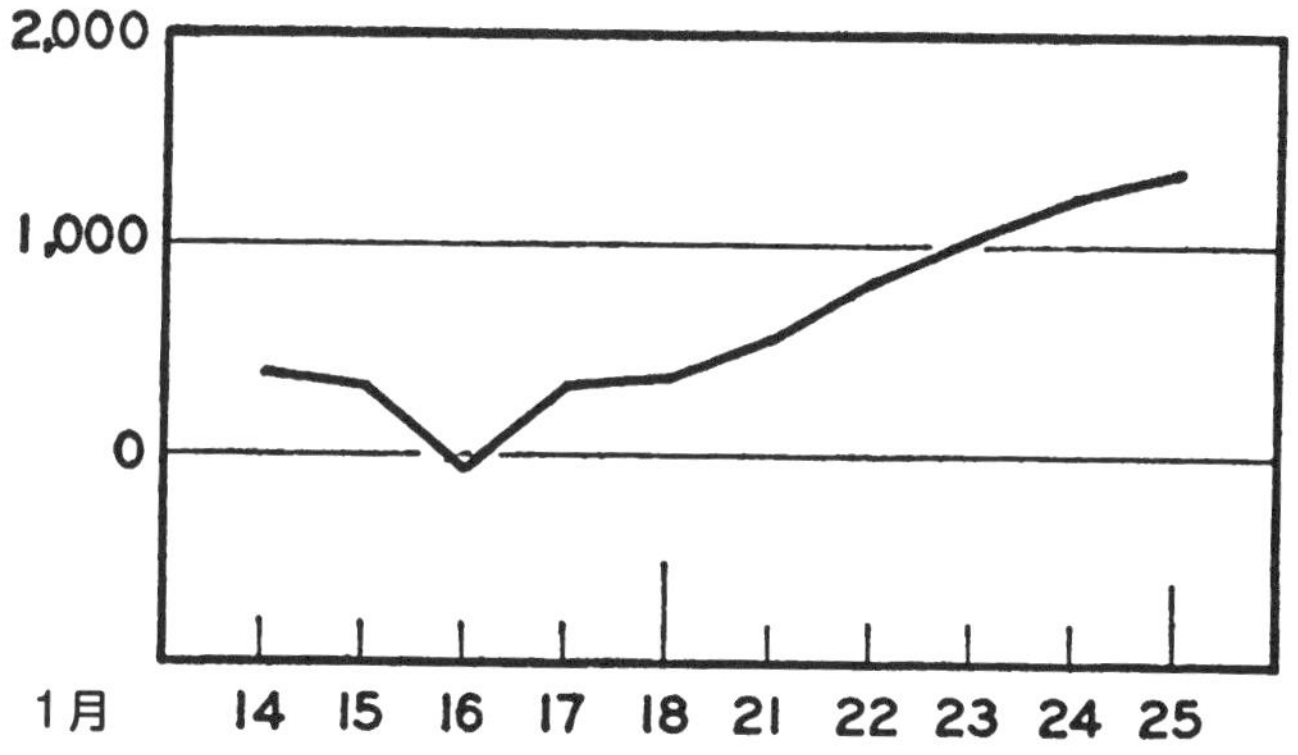

相場は上昇トレンド！

そして、二日後にはこうなる。

相場は一九六三年の高値を付ける！

素晴らしい！　つまり、素晴らしいことが起きるとずっと予想していて、その予想が今では正しい可能性のほうが高くなった予想屋にとっては良いことだ。そして、市場理論の専門家やチャートを付けている人、特に株を買っていなかった人にとっては非常に興味深いことだ。

しかし、私の「謎の銘柄」や「眠れる巨人」、あるいは「一番の投機銘柄」がチャートの動きにたまたま従っていなかったら、どうだろう？

忘れないでもらいたいが、この一〇日の間、毎日、数百銘柄が上げて、数百銘柄――必ずしも同じ銘柄ではない――が下げていた。個々の銘柄はけっして市場全般の動きと同じ方向には動いていなかった。市場全般の下落とともに、そのチャートラインに従って下げ

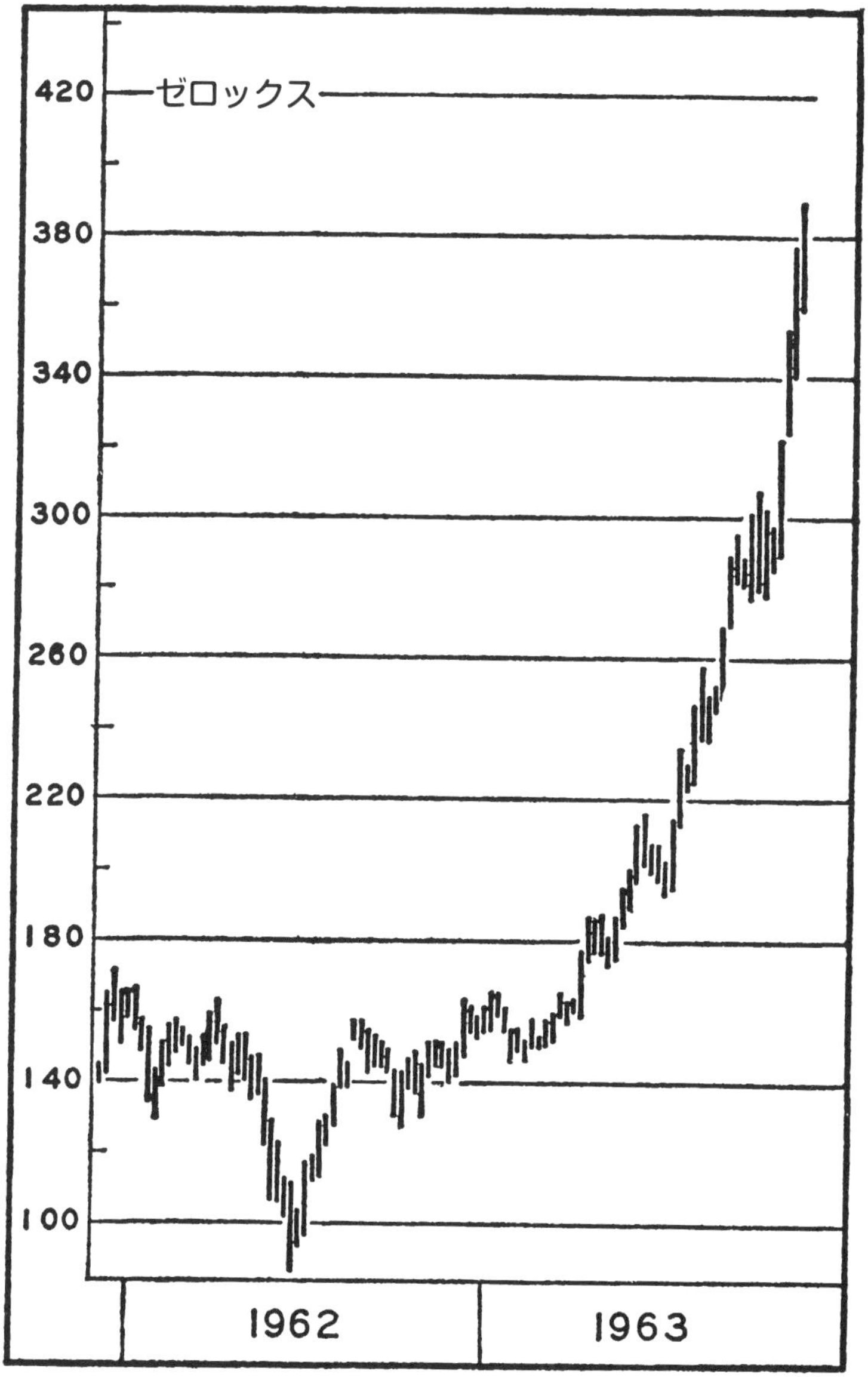
ゼロックス
420
380
340
300
260
220
180
140
100
1962
1963

る銘柄もあった。また、大多数の銘柄が上げている日に、下げ続ける銘柄もあった。数銘柄は最安値すら付けた。そして、同じように、市場全般のチャートラインが下げている日に、かなりの銘柄が新高値を付けた。

私は市場全般の動きを示すチャートと、長期の個別銘柄のチャートを比較した。すると、両者はだいたい相関しているが、NYSEに上場されている一三〇〇以上の銘柄は必ずしも同様の動きをするわけではないことも分かった。それらはいくつかの点で、群れで動く羊に似ている。しかし、個別銘柄は羊ではない。実際、全般的なトレンドと正反対の動きをする銘柄もある。多くの銘柄は数カ月、あるいは数年もトレンドとまったく関係のない動きをしているように見える。それらはあまのじゃくだ。買えば、下げる。売れば、上がる！

まさに謎の銘柄だ！　そして、この証拠から、株価の動きを予測することで生活費を稼いでいる人々は、それらに賭けている大衆と似たり寄ったりの結果しか出せないことが分かる。少なくとも、彼らの予測は目隠しをしてピンで刺すのと大差ないだろう。劇中の俳優がかつて言ったように、「止まっている時計でさえ、二四時間ごとに二回は正しい時刻を示す」。

単純な理屈で言えることはこうだ。下げている銘柄よりも上げている銘柄のほうが多いとき――これはもちろん、強い相場ということだが――、私がどんな手法を使おうと、選んだ銘柄は平均の法則によって勝ち組のほうが多くなる。

有名な美容師がしたと言われる方法と同じように、ウォール・ストリート・ジャーナルをドアにぶら下げて、ダーツを投げてもよい。あるいは、目隠しをしてチャートを指でさしてもよい。下げている銘柄数よりも上げている銘柄数のほうが多ければ、よほど不運でないかぎり、負け組よりも勝ち組のほうが多いだろう。

そうした手法だけに頼って相当なお金を稼いだマンハッタン在住の裕福な弁護士を、私は個人的に知っている。彼は机の上にバロンズのその週のチャートを広げると、目を閉じてピンを刺す。それが刺さった銘柄を買う。

もちろん、彼が損をした銘柄もあった。だが、強気相場ではそれよりも多くの利益が得られた。

これまでに述べたことを考慮すると、ウォール街の予想屋が時に良い銘柄を選別しても意外ではない。新たな資金が大量にウォール街というカジノに入ってきて、下げる銘柄よりも上げる銘柄のほうが多い好況期には特にそう言える。単純な平均の法則に頼りさえすれば、予測業者は少なくとも私の友人――目を閉じて買う株を選んだ弁護士――と同じくらいの成績は出せるはずだ。

本当にそうだろうか。ここで私は思いがけないことに直面した。予測業者は単純な平均の法則に従った場合ほどの結果を出していないのだ。

一九三三年に経済学研究のためのコウルズ委員会が行った調査によると、市場のトレンド、ダウライン、騰落ライン、バリューラインなどについて何千通もの「権威ある」ニュースレターを大量に送りつけている主な予測業者の予測精度は、無作為に選別した場合よりも四％低かった。

コウルズ委員会の調査は一九四四年にも繰り返されたが、結果はほぼ同じだった。

ウォール・ストリート・ジャーナルにダーツを投げるか、バロンズにピンを刺すという単なる偶然に任せたら、予測の精度は五分五分の五〇％になるはずだ。つまり、彼らの予測は少なくとも半分は当たっているはずだ。だが、実際にはそうはならなかった。二回続けて行われた調査で、彼らの予測精度は四六％にすぎなかった。

言うまでもなく、彼らはこのさえない結果に落ち込むことはなかった。どうして、そんな必要があるだろうか。彼らはギャンブルはしない。手数料を取って、ギャンブラーにアドバイスをするだけだ。ギャンブラーはやって来ては破産するが、安定した予測サービスはどの年も利益を出し続ける。

一部の自称市場アナリストのアドバイスはラジャ・ラーボの夢占いと同じようなものと言っても大げさではない。現実的なビジネス界では奇妙に聞こえるかもしれないが、多くの株式ブローカー自身が熱心な数秘術師だ。彼らは通常の方法で相場を理解しようという試みをやめて、勤務時間外は縁起の良い数字か、同様に人気がある星の導きを探すことに時間を費やしている。

実際、ウォール街のプロの投資アドバイザーで、占星術に基づいて予測をしている人が少なくとも一人いる。そして、おかしなことに、私の知るかぎり、それは電子頭脳と同じくらいうまくいっているのだ。なぜかと言うと、実は星も機械もウォール街のギャンブラーがどう動きそうかは実際に彼らが取引をするまで分からないからだ。そして、もちろん、これまでに発明されたどんな装置よりも電光掲示板に流れる株価表示のほうが、今後の株価の動きがよく分かる。

私は相場の手掛かりを探す最も良い場所は市場にあるということを発見した。

しかし、もちろん、多くの相場の予想屋は相場の流れをわざわざチャートにする必要はない。競馬の予想屋と同じで、彼らには売るための情報が毎日いる。だが、相場自体は彼らの商売に必要な情報を必ずしも気前良く提供してくれない。そこで、彼らは競馬の予想屋と同じように、もっと単純な方法を使う。すべてのレースでできるだけ多くの馬を推奨すれば、そのうちのいくつかは確実に当たる。

これと同じ手法はどの分野の選別でも使うことができる。ときどき、隠されていた財産が古いマットレスの下から見つかったり、地下室に埋もれていたり、井戸に投げ込まれていたりする。明日、私が財産発見サービスを始めようと決めて、次のような広告を出すとしよう。

今週、あなたの地下室をのぞきなさい……。

屋根裏もお勧めです……。

干し草の山の中も……。

一九〇五年以前に出版された本のページとページの間……。

ほぼ間違いなく、私の顧客のなかにお金を見つける人が現れるだろう。

そうすれば、翌週に私は次のような広告を出すことができる。

ネブラスカ州オマハのＬ・Ｄさんは八月一五日付けの私たちのアドバイスに従って、地下室で四〇〇ドルを見つけました。ウィスコンシン州マングースのＪ・Ｂさんは屋根裏のトランクから一六〇ドルの金貨を見つけました……。

例えば、街角の新聞売り場や海水浴場よりも地下室のほうがお金を見つけるのにふさわしい場所だと判断する「手法」を専門用語で説明するのは簡単なことだ。私がチャートやグラフでその手法を飾り立てたければ、それも簡単にできるだろう。

これは明らかにバカげたことではないか。それでも、ウォール街に特有の言葉に変えられると、それは知恵として通用し、人々はそれに対してお金を払うのだ。

どうして大衆は理解しないのだろうか。おそらく、彼らは理解しているのだが、ギャンブル志向が強いのだ。それに、まだやけどをしていない市民が絶えず入ってくるからだ。

予測や相場分析には数え切れないほどの流派がある。最悪なのはまったくの詐欺か、珍しい例では、ある高齢の投資顧問のように、その人の妄想によるものだ。ＳＥＣが明らか

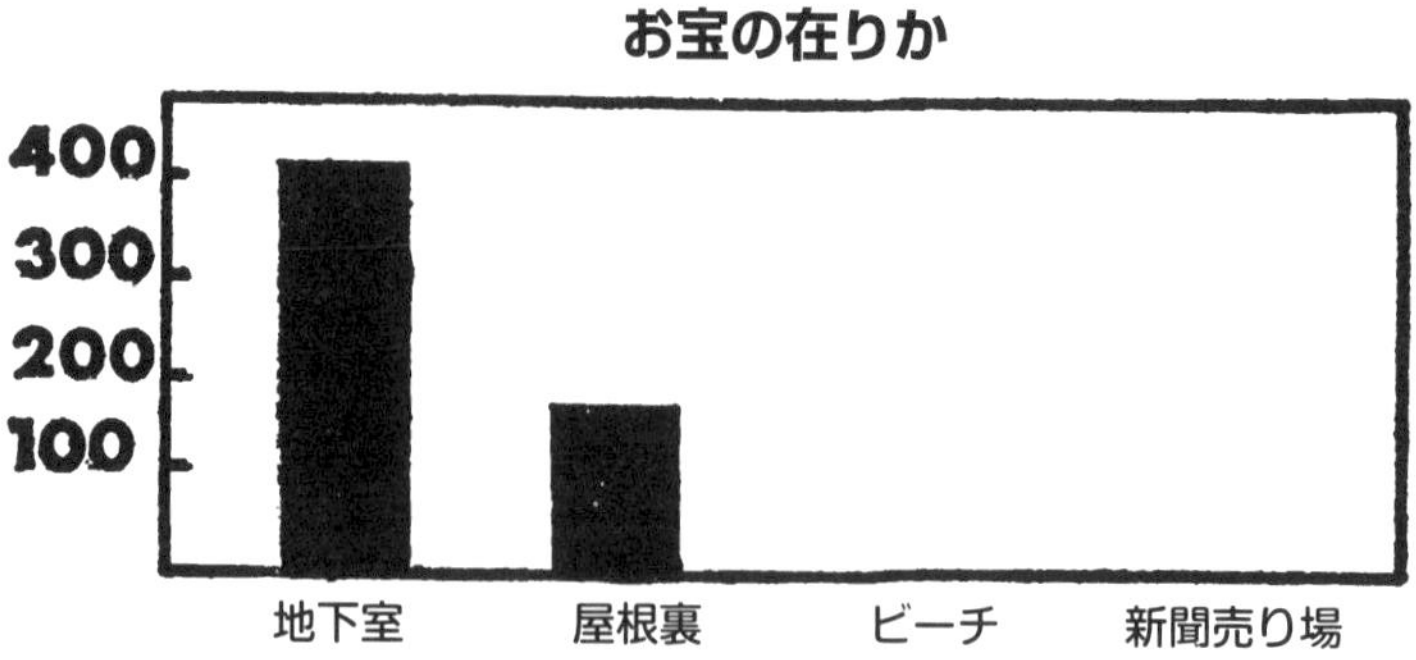

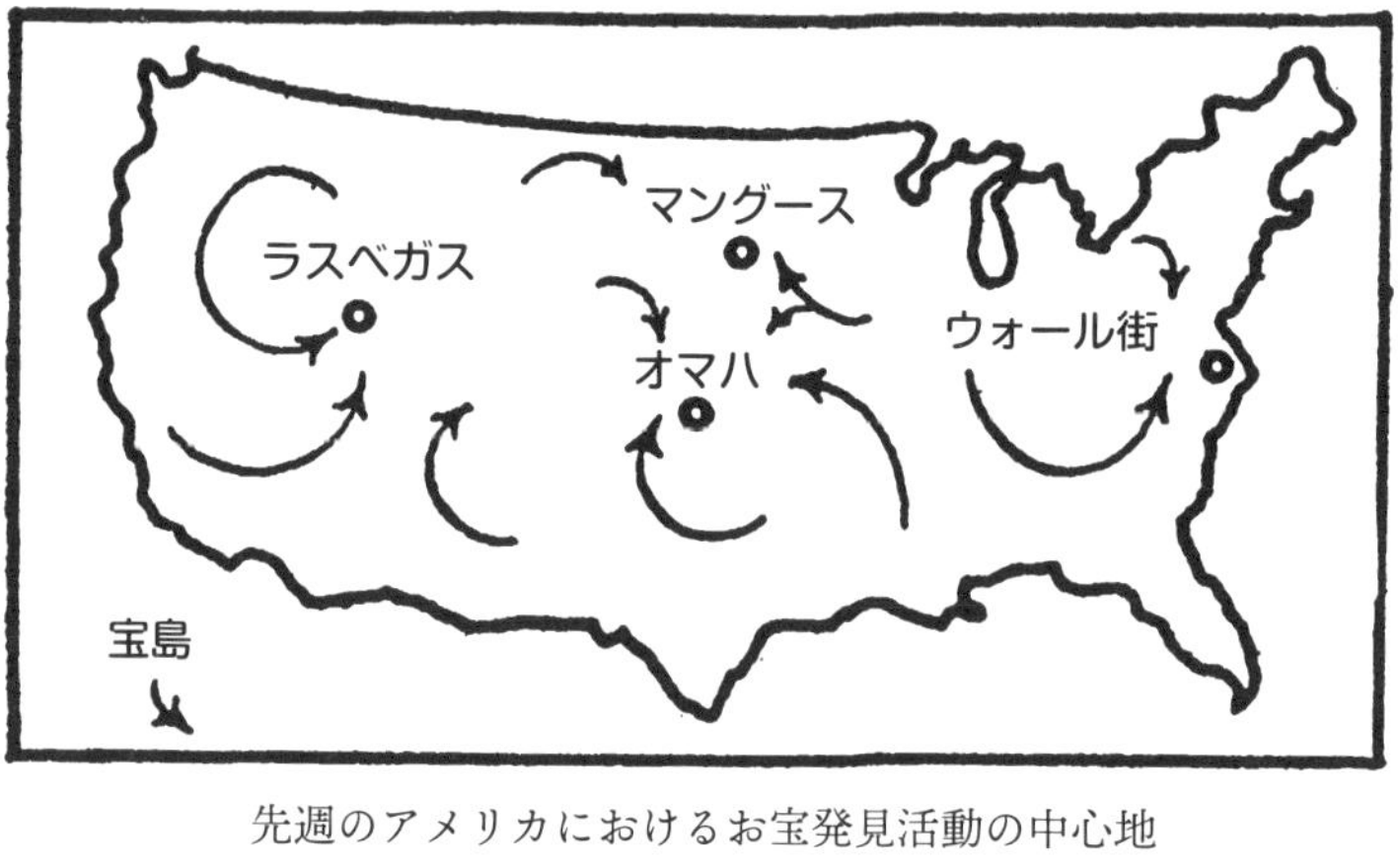

先週のアメリカにおけるお宝発見活動の中心地

にしたところでは、彼は「新聞の四コマ漫画から発見したと思い込んだ暗号」から予測をしていた。

最も良い場合でも、分析で分かるのは、過去にどの銘柄がどういう動きをしていたかと、現在の動きはどうかだけだ。ところが、私の知りたいことは、自分の持ち株が近い将来にどう動くかだ。

残念ながら、信頼できる水晶球か電子頭脳か何かを考案した人はまだだれもいない。相場分析では、ある銘柄が高騰したり、暴落したあとになって、そうなった理由をいつでも雄弁に説明できる。株式分割のうわさ、増益予想のニュース、大統領の胸やけ、キューバへの侵攻のうわさなど、必ず何か言えることがある。しかし、実は、大引け後の説明はすべて事後分析だ。そして、とにかくそれらの大部分は後講釈にすぎない。

実際には、マーケットは好きなように振る舞う。それはそこでギャンブルをする人々が好きなように振る舞うからだ。そして、彼らがどう振る舞うかは、彼らが実際に動いたあとでしか分からない。

第5章 自分の身を守る――リスクヘッジ

「生死を賭けて」と、カーライルは書いた。この言葉は私が出会ったウォール街の二～三人の投機家を思い出させる。彼らは巨大カジノに飛び込んで、全財産で必死にリスクをとり、再び抜け出そうともがいていた。

そういう性分の人たちのために、すべての株には一定のリスクがあるという警告をくどいほど強調する必要がある。株がギャンブルでなければ、儲かることもないだろう。実際、私たちの知るマーケットは存在しないはずだ。株はジャガイモか国債のように、店頭で決まった価格で売られるだろう。

しかし、株式市場における典型的なタイプの投資家はおそらく、向こう見ずでギャンブルにのめり込む人ではないだろう。ウォール街の一般投資家によく見られるのは一種の消極性であり、それはビジネスよりは信仰にふさわしい態度だ。

平均的な小口投資家はまるで人形の修理店に入る女の子のように、希望を抱きつつも心配そうにブローカーに接する。彼らは「有望株」について丁重に尋ねて、偉い人の権威者ぶった話に耳を傾ける。そして、貯金を手渡して、謎の回転盤が回って利益がもたらされるのを待つ。

利益が出なければ、顧客は金メッキのレンガを売りつけられていたのかと思うかもしれないが、通常はその悪い知らせを運命として受け入れる。ブローカーは見栄えの良い会社の広告や富の神殿で聖職者の役を務めているおかげで、医者と同じような威信を保っている。私が会った人は一人残らず、自分のかかりつけの医者が世界で最も優秀だと言う。

ブローカーも神殿を本当に信仰している人々の間で同じように尊敬されている。

「ふーむ」とブローカーは言い、さえない決算書を手入れの行き届いた爪で思慮深そうに軽くはじく。「思ったとおりですね。少しばかり、細かい点で調整がなされています。何も心配することはありませんが、本当にご心配ならば、ほかに乗り換えるというのも、ええ……」

そして、顧客は損をして売ったばかりのものの代わりに別のレンガを持って立ち去り、ブローカーには一回ではなく二回分の手数料が入る。

驚くことに、大損をしても、崇高で謎めいたマーケットに対する信頼を持ち続ける投資家もいる。私は高級ホテルチェーンに雇われている高収入の医者を知っている。彼は非常に強い上昇相場が天井圏に達していた一九六一年に、それまでのすべての蓄えをつぎ込んだ。

彼の総投資額は約三〇万ドルだった。相場はブローカーが好んで言う「調整局面」にとっくに入っていてもよい時期だった。もっとも、後知恵として以外、そう言う人はほとんどいなかったが。そして、思ったとおり、一九六二年には大幅な下落によって、友人のＹ医師の蓄えの約三分の二が吹き飛んだ。

相場が少し落ち着いた翌日に、私はニューヨークのプラザホテルのロビーで偶然に彼と会った。彼は、「まあ、結局、失ったのはたったの二〇万ドルだったよ」と言った。たったの二〇万ドル！

彼は全財産を自分で稼いできた人だ。パリへの長距離電話をかける前や、タクシーから降りるときに五ドル札で払っておつりは結構ですと運転手に言う前に、間違いなくじっくり考えるような人だ。それなのに、それまでの人生で稼いできた貯金をたったの二〇万ドルと言えるのだ。

これもまた、運命としてあきらめる姿勢の現れであり、ティッカーに流れる魔法の数字に対する現実感が欠けているのだ。この態度はラスベガスやモンテカルロで衝動的にギャンブルをする人に見られる特徴だ。こういう人はタバコを一箱持ってきた係の子に五ドルのチップを渡すのは何とも思わないが、小売店の店主が何の事情もないのに同じタバコの値段をほんの二～三セント上乗せするだけで腹を立てるものだ。

私のもう一人の友人は下げた持ち株が「元の株価に戻る」という考えに幻想を抱いている。彼は私に言う。「私はただの小口投資家だ。八ポイントの下げを受け入れる余裕はない。買ったときの株価まで戻る前に売るなんてできないよ」

私の返事はこうだ。「どうして売らない余裕があるんだい。これを買ったときには三三ドルだったんだろう。それが今、二五ドルだ。過去六カ月ほどのチャートを見ると、楽観できるものは何もないよ。株価は緩やかな下降トレンドのままだ。今から新たに投資を始めるとすれば、以前はずっと高かったのに、その後は何カ月も下げ続けて二五ドルになっている銘柄はまず選ばないだろう。長く下げていたが、その後は着実に上げている銘柄を探すはずだ。だから、負けている持ち株は売って、勝ち組を見つけたほうがいいよ。すぐに売って、損切りをすべきだ。あるいは、含み損がさらに増えて資金が死に金になっていても売るのがいやなら、持ち株のボックスを計算して、どこが底かを確かめて、そこにストップロス注文を置くべきだ。ボックスの底を割れば――今にもそうなりそうだが――、持ち株は二五ドルではなく、一八ドルか一五ドルになり、最終的にどこまで下げるか分からないよ」

私の経験では、株価には現実的であることが絶対に必要だ。買ったときにいくら払ったとしても、二五ドルの銘柄は二五ドルの銘柄だ。だから、それを二五ドルの銘柄として評価しなければならない。

株式市場では過去も未来もまったく意味のない言葉だ。そんなものは存在しないからだ。そこに存在するのはいつも現在だけだ。取引日の日が変わり、時間が変わるたびに、新たな判断を迫られる。私は過去や未来に行動するわけではけっしてない。行動するのはいつも現在だ。だから、含み損になった銘柄を持ち続けるという決断は、負け組を買うという決断とまったく同じなのだ。明らかに、同じ理屈は上げている銘柄を売るという判断にも当てはまる。だれが損をする銘柄を買って、利益が得られる銘柄を売るだろうか。そんなことをするなんて、実に変わった慈善活動だ！　ところが、そうする人々は毎日、大勢いる。

彼らがそうするのは無知や恐れのためだ。また、俗説を信じるか、問題に対して合理的な解決法ではなく魔法のような解決法を信じるからだ。彼らは考えるべきときに感情に頼る。

プラザホテルのオークルームでキャプテンをしているビクターとは仲が良いが、彼は一九六二年にクライスラーの株を四二ドル（一対二の分割前）で一〇〇株買った。そして、緩やかに七二ドルまで上げると、三〇〇〇ドルの利益とは素晴らしいと思って売った。

私がどうして売ったのかと尋ねると、彼はちょっと驚いたようだった。彼は言った。「どうしてって？　どうして売ってはいけないんですか？　かなりうまくいっていましたし、とにかく、あまり欲深くなりたくはなかったんですよ。私は満足してます」

彼の答えは巨大な金融市場の神秘さを前にした者の迷信でしかない。欲深くなれば神が怒り、与えられたものを奪い返される、という迷信だ。

私は自分で満足しているのなら、それが何よりだと友人に話した。しかし、あとになると、それでは大した慰めにならなかっただろう。実はクライスラーは天井を付けるどころか、一対二の株式分割前に一〇八ドルまで上げ始めたばかりのところだった。

　そして、上昇はそこでは終わらなかった。一九六三年の分割後の高値は、これを書いている時点で八九・二五ドルだ。分割前の株価では一七八・五ドルに相当する。つまり、欲深くなりたくなかった友人は、あと二～三カ月持ってさえいればお金を二倍にできたのに、上げる前にすべてを売ってしまったのだ！

　株式市場の多くの「投資家」を特徴づける消極性と神秘主義の奇妙な組み合わせのおかげで、市場で働いているさまざまな企業は利益を得ているのかもしれない。

　ほとんどの小口投資家は自分の判断を信じていないので、ほかの人たちと同じような行動を取りたがる。そして、市場で何をすべきかを毎日決める責任は取りたくないので、金融界に通じていて自分の代わりに考えてくれる人を探す。困ったことに、そういう人はプロしかいない。そして、彼らが明るいオフィスの賃貸料を支払い、バーボンと良い葉巻を貯蔵しておくためには、自分の利益を第一に考えなければならない。

　羊はさまざまな囲いのなかで安全と導きを求める。羊飼いの定められた仕事は羊の毛を刈ることなので、ほかと同じ行動を取りたがる羊のほとんどは次々に毛を刈られても当然だ。

投資クラブ

私は投資クラブについて調べてみた。すると、アメリカには約二万五〇〇〇あると分かった。なかには午後にデザートを食べながらブリッジをする小さな社交クラブもある。会員はおそらく株価のトレンドを書き込むことよりも、ファッジケーキや桃のアイスクリームに興味を持っていると思われる。しかし、規模が十分に大きく、会計士や弁護士や会計責任者がいるクラブも何千とある。

投資クラブに加入する人は通常、株式市場で少しお金を儲けたいが、やりすぎたくはないと思っている投資家か、余分な手数料や一度に数株しか買わないときに取られる端株手数料を避けるためにある程度まとまった株数を買うほどにはお金に余裕がない投資家だ。

そうした組織の設立について一会員につき年一ドルで専門家による指導をするNAIC（全米投資クラブ協会）は、買った株の市場価値を増やすことを投資の主な目標とし、配当は会員で分けるのではなく、すべて再投資するという基本ルールを定めている。

投資クラブはどの程度、うまくいっているのだろうか。一九六〇年のNAICの調査によると、成長株だけに投資して、すべての配当を再投資するというNAICの規則に従った投資クラブでは、保有銘柄の平均利益は八％だった。設立後、五年以上たったクラブでは、利益成長率は平均して一一％だった。

しかし、これは常に入れ替わっている個々の会員ではなく、投資クラブ単位での話だ。平均的な投資クラブはＮＡＩＣに加盟しているかどうかにかかわらず、設立して一〜二年目はたいてい利益を出すよりは損をしている。一つには、投資比率が低いために手数料が約六％と高くつくためだ。

そして、ジョン・Ｗ・ハザードとルー・Ｃ・コルトが『ザ・キプリンガー・ブック・オン・インベスティング・フォー・ザ・イヤーズ・アヘッド（The Kiplinger Book on Investing for the Years Ahead）』で指摘しているように、ＮＡＩＣが報告する利益は一九六〇年以前の異常に強い上昇相場で得られたものだ。また、いずれにせよ、ＮＡＩＣの投資ルールに厳しく従ったクラブだけに当てはまる数字だ。

新しいクラブは毎週生まれているが、つぶれるクラブも絶えず現れる。そして、生き残っているクラブの会員数はけっして安定していない。

そうしたクラブでは決定すべきことが非常に多い。どの銘柄を買うか。それらをいつ売るか。毎月二〇ドルか三〇ドルを投資している各会員は、いつ現金でのリターンを期待できるのか。だれがそれらを決めるのか。

通常は小規模の委員会が株式市場に関係する人の助言を受けながら決める。理由は明らかだが、その人はブローカーであることが多い。彼らは時間を割いて助言をするかもしれないが、クラブに対してまったく無報酬で社交的なことだけに関心を持っているとは考えづらい。ブローカーのなかには多くの投資クラブの口座を管理している人もいる。その場合には、手数料はかなりの大金になることもある。

投資信託

私の最初の著書が出版された直後に、ウォール街で最大級の投資銀行の代表から電話がかかってきた。私は戸惑ったが、その会社が考えている提案について話し合うことに同意した。

結局、その会社は株式市場での私の評判を利用しようという考えで、ダーバス・ファンドというものを作って、私に名目的な運用責任者になってもらおうという魂胆だった。投資銀行の立場からすると、私は適任だった。ウォール街で二〇〇万ドルを儲けた人が率いる投資信託を買いに、人々が殺到する、と私は言われた。結局、私が自分のために銘柄を選別できるのならば、ほかのみんなのためにも選別できるはずだ。

それは興味深くて儲かる提案だった。だが、たとえ先約がなかったとしても、私は同じ返事をしただろう。それは「お断りします」だった。どうしてか。投資対象として投資信託というものを信じていないという単純な理由で、私は提案については検討の余地がない、と率直に役員たちに話した。要するに、自分で良い投資手段とは考えていないものを、人々に買ってほしいと頼む気にはならなかったのだ。

投資信託の多くはオープンエンド型だ。これは（新たな口数が常に用意できるため）だれでも、いつでも買うことができて、（ファンドは現在の相場で引き受けることができるため）いつでも解約できる。

ファンドはほかのビジネスと同様に、会社の方針に沿って運営される。取引されるものはお金だ。つまり、株主が投資信託に託す資金と利益を足したものだ。その仕事はほかの企業の株を売買して、できれば売買のたびに利益を得ることだ。

単位口数当たりの基準価額はその時点でのファンドの正確な純資産価値から計算される。これは適切なことに思われる。解約するときには、その時点でのファンドの純資産価値から比例計算した金額が渡される。だが、ここで強く、「しかし」と言わなければならない。それは販売手数料についてだ。これは本当に高く、平均で八・五%からなんと九・五%までか、一〇%の場合さえある。買うときにこれだけ取られる。それは私が人なつこい投資信託のセールスマンと握手した瞬間に、投資した一ドルが九〇セントの価値になるということだ。彼は趣味でやっているのではない。

また、私のお金を運用する人々は私のためにやっているのではない。オープンエンド型も含めて、投資信託はすべて信託報酬を請求する。通常、それは一年につき、運用資金の総額の約〇・五%だ。それは比率からすると、大した金額ではないように思えるかもしれない。だが、四〇億ドル以上の資金を運用しているインベスターズ・ダイバーシファイド・サービシズ社のような投資信託グループについて考えると、どうして投資銀行や証券業界が投資信託に関心を持つか理解できる。

さらに考慮すべき要素がある。資産が大きなほとんどの投資信託は証券会社と密接な関係があり、なかには証券会社によって作られる投資信託もある。ここで販売会社が登場し、取引のたびに手数料を取る。非常にうまく銘柄を選び、それが上昇するのを見守っているファンドもあるのかもしれない。しかし、ブローカーが手数料を得るためには、売買を繰り返す必要がある。そして、投資信託の運用者とブローカーがぐるになっていると、取引のどこまでが正当なもので、どこまでが手数料を稼ぐためだけに売買を繰り返しているのか疑わしくなる。

投資信託は大きなビジネスだ。最新のリポートでは、資産が一〇〇万ドル以上のファンドが一八三本あった。それらはどの程度、株主の利益になったのだろうか。ブローカー業のカルブ・ボーリス社の調査によると、一八三本のうちで一九六二年三月二九日から一九六三年三月二九日の間に価格が上昇したのはわずか一八本だった。ウエリントン・エクイティはパットナム・グロース・ファンドと同様に一四％下落した。ボストンのチェース・ファンドの純資産は二六％減り、ピープルズ・セキュリティーズは三二％減り、インペリアル・ファンドは四一％近くも減った。

ファンドのすべてがこれほど劇的な損を出したわけではなかったが、平均して言えることはこうだ。資金を主に株に投資していたファンド（これには先ほど述べた一八本のファンドを含まない）のいずれかを保有していたら、私はダウ平均のような株式市場平均に負けていただろう。

これには驚く！　ダウ・セオリー・ファンドに投資していたら、私は一年で投資資金の一八％を失っていただろう。

これが示唆することは明らかだ。一九六二～六三年はプロの運用者に任せるよりも平均株価に従っていたほうがうまくいっただろう。たとえ、プロが無料で運用してくれた場合でもだ。もちろん、そんなことはなかった。一年間の投資信託の決算から七・五～八・五％の販売手数料を引き、ほかに少しばかりの管理手数料を引けば、ウォール街というカジノでなぜ私が自らギャンブルをしたほうが良いのかは明らかだった。

定期定額投資プラン

だれかが分割払いでポーカーをしようと私を誘えば、その冗談の落ちは何だと聞くだろう。そんなゲームはどこにもないからだ。ところが、NYSE（ニューヨーク証券取引所）は三カ月ごとにわずか四〇ドルずつ株に投資できる定期定額投資プランという、非常に変わったものを実際に提供している。

大きな魅力は、これが楽な貯蓄だというところだ。少なくとも、そういうことになっている。違いは、貯蓄銀行は私のお金を自行のために運用する代わりに、最高で四％ほどの利息を払ってくれるという点だ。月次投資プランの口座を取り扱うブローカーは六％は手数料を取るだろう。しかも、たまたま自分のお金が必要なときに、その貯金がまだそっくり残っている保証はない。配当があっても、あまり助けにはならない。月に四〇ドルのプランで株を買えば、配当が平均で年三～四％と仮定して、配当で手数料を取り戻すまでにまる二年かかる。だが、多くの銘柄の配当は三％にも満たない。また、少しでも配当が得られるという保証はない。

それらは個人投資家にどういう利益をもたらすか

投資クラブ、投資信託、定期定額投資プランはどれも、「一般投資家にウォール街をもっと利用して」もらうために行われているのだが、一般投資家の利益になるかどうかは別の話だ。私自身の感じでは、企業などの集団も個人と同じ危険に直面する。銘柄の選別や売買に用いる手法が適切であれば、個人でも集団でも利益を得ることは可能だ。

しかし、ギャンブルであることに変わりはない。そして、私は個人的には他人に私の賭けをしてもらいたいとは思わないし、どんな投資でも証券会社のアドバイスに頼らざるを得ないようにはなりたくない。私の見るところ、私たちの立場は正反対だからだ。私はマーケットから利益を得たいが、彼らは私から手数料を得たいだけなのだ。

第6章 カジノでのプレー――買いのゲーム

以前、パリに滞在していたある春のことだ。私はカフェ・ド・ラ・ペで席に着いて、品の良い女性が通るのを見ながら――私は株の観察が習慣となっているが、女性の観察はそれよりもずっと前からの習慣だ――、暗い気分でブローカーからのメッセージを読んだ。私は投資で負け続けて危機に直面していたせいで、気が滅入っていたのだ。

株取引に本気で取り組んでいたので、「間違いなく、株の売買はギャンブルだ」といつも思っていた。波乱に満ちた私の経歴を見れば、それは確かだった！　しかし、そうしたギャンブルの要素やリスクをどうすれば最小限に抑えられるだろうか。適切な銘柄を選んで、適切なときにそれらを買って売る方法はきっと考え出せるはずだ。要するに、それが私の問題だった。私は絶対確実なトレード手法を考案したかった。私は黄金の羊毛を探すギリシア神話のイアソンだった。

私はマーケットで観察したことを頭の中で振り返った。

ウォール街というカジノで、私はいろいろなゲームを見てきた。それらの見返りや勝率はさまざまだった。いろいろなゲームの条件やルールは変化していく。あるいは、経営者によって変えられてしまう（『私は株で200万ドル儲けた』が出版されたあと、AMEX［アメリカン証券取引所］がストップロス［損切りの逆指値］注文を停止したことを覚えているだろうか）。そして、プレーヤーたち――ここで私が指しているのは、知識不足で非現実的な希望を抱いている多くの人々ではなく、ひと握りの成功したトレーダーのこと――は同じ問題に対して異なる手法で取り組んでいる。そして、各人が自分で設定した目標や自分の心理、個人的に最もうまくいくと分かった条件に従って動いている。

例えば、空売り筋はサイコロゲームの台で「違った」賭けをする人に似た役目をしている。つまり、自分ではけっしてサイコロを振らずに、確率を計算して、ほかのプレーヤーの賭けにいつ乗れば有利かを見つけるギャンブラーに似ている。

株に投資をするのはサイコロゲームやトゥエンティーワンよりもはるかに複雑だが、原則は同じだ。

私はある種の相場状況で、ある種のプレーヤー、すなわち私に当てはまるルールを発見して、それを洗練してきた。おそらく、ほかにも同じくらい有効な手法はあるだろう。株式市場では「あり得ない」ことは何もないし、どんな銘柄でもいつ、どちらに動いてもおかしくないが、それでも株価の動きはその性質上、限定されている。私はこの値動きのあらゆるパターンに神経を集中しようと決めた。

優れた競馬予想記者は、社交の場を除けば、賭け事をして時間を浪費したりしない。抜群の記憶力を持ち、ブラックジャックの確率を徹底的に計算しているカードゲームのたぐいまれな名人がお金を無駄にすることはない。私はウォール街というこのカジノでプレーをして勝ちたかった。それで、私はこのゲームを徹底的に理解することを目標にした。

ウォール街でもどこでも、成功するための秘訣は第一に規律と忍耐力を養うことだということが分かった。私は他人のゲームではなく、自分のゲームをする機会が訪れるまで待つ必要があった。衝動的なギャンブラーならば、何もすることがないときには街角で子供たちとプレーをして小銭を稼ごうとするかもしれない。しかし、刺激が欲しいからではなく、合理的な目標と手法を持ってカジノで賭けるためには、しっかりと目を見開いて冷静に取り組まなければならない。必要ならば、一回の大成功のために一年でも待てるようになる必要があるし、どんな状況でも、自分のトレード手法の原則に反するような妥協をして、資金を浪費する余裕はないと分かっていた。

私は後にダーバスメソッドとして知られるようになる、上昇相場における手法を考案した。上昇相場はウォール街では強気相場と称される。これは簡単に言えば、買い手の関心が強い相場という意味だ。

この強気相場でも、上げる銘柄もあれば下げる銘柄もあるが、下げる銘柄よりも上げる銘柄のほうがずっと多い。対照的に、弱気相場では正反対のことが言える。需要が減り、株価が下げるにつれて売りが増える（別の言い方をすれば、支持が減る）。そして、上げる銘柄よりも下げる銘柄のほうが多くなる。

私はほぼどんな相場でも儲けることができたし、しばしば「揉み合い」の最中のときもあるが、私の成績が最も良いのは強気相場の非常に大きな機会をつかんだときだと気づいた。私はカジノに勝とうとしていたので、自分の役に立つ「システム」、つまり手法を考案したかった。

私はボックスシステムを考案した

　株式市場に足を踏み入れたとき、私は売買の最も基本的な仕組みさえ知らなかった。私はだれが何のために株を買うのか、まったく分からなかった。なぜ、ある銘柄は上げて、ほかの銘柄は下げるのかさえ分からなかった。私がしたことは単なる当てずっぽうであり、耳寄り情報やうわさや、私よりも知っていることは何もないのに知っているような口ぶりの人々からのアドバイスに基づく、やみくもなギャンブルだった。私は株を始めたトロントで、ブリランド・マイニングで運良く儲けたが、そのときを除いてほとんど毎回負けた。私はこのカジノではまったくのひよっこだった。

　やがて、私は生き残るためには、一体、自分がどんなゲームをしているのかや、少なくともゲームの基本的なルールを知っておかなければならないと気づいた。しかし、私が学んだ「ファンダメンタルズ」はそれまで頼りにしていた耳寄り情報と同じで役に立たなかった。ブローカーや評判の良い「市場アナリスト」でさえ支持している株式市場についての俗説に、私は惑わされていた。株そのものの値動きに注意を払うのではなく、株を発行した会社の財務を調べていた。そして、しばらくして、自分にとって本当に必要な情報は違うところにあると、ようやく気づいた。

私が知りたかったことは単純で、これからどの銘柄が上げて儲けられそうかだった。決算報告書を読めば、その会社の毎年の利益もジョーンズ・アンド・ラフリンの鉄鋼生産量も分かるし、パシフィック・ペトロリアムが油井を何基持っているかなども分かる。ブローカーはモクシー（炭酸飲料）やボタンブーツの時代までさかのぼって、ウォール街のことを私に教えることができるだろう。

しかし、未来については私に何も教えられないようだ。そして、たまたまテキサス・ガルフ・プロデューシングを見つけたときに、初めて本物と思える手掛かりを見つけた。

私は必死になって、この銘柄に一〇〇〇株を投資した。私はジョーンズ・アンド・ラフリンで九〇〇〇ドルの損を出したばかりで、借金まみれだった。損を取り戻せなければ破産するしかなかった。このみじめな状況で、私が株式市場で二〇〇〇万ドル以上を儲けると、だれが想像できただろう。だが、私は幸運だった。テキサス・ガルフ・プロデューシングはかなりの利益を生み、私は立ち直ることができた。それよりもはるかに重要なのは、それによって私が基本的な教訓を学んだことだった。私がこの銘柄を買った理由はただ一つしかなかった。上げていきそうな銘柄に見えたからだった。その後の経験で、この教訓は裏付けられた。

私はこれを何度も繰り返して、予想どおりに成功することになる。そして、このことから、**私が株を買うときの唯一適切な理由はその株価が上げているからだと考えた。上げていれば、ほかの理由は何も必要ない。上げていなければ、ほかのどんな理由も検討に値しない。**

この原則が分かって、私は闘いの半分に勝った。だが、先はまだまだ長かった。確実に上げる銘柄と、ある週に一〜二ドル上げるが翌週には元の株価まで下げる多くの銘柄とをどうやったら見分けることができるのか。ひもでつながれているが、今にも解き放たれた風船のように急上昇しそうな少数の銘柄と、優柔不断に浮き沈みを繰り返す多くの銘柄や、動きが不自由なカニのようにチャートを横ばいする多くの銘柄との違いはどうすれば分かるのか。要するに、どうすればトレンドを見つけることができるのか。

これらの疑問を解明するために、私は何百もの個別銘柄の日足や週足の値動きを集中的に研究した。

私のツールは次のものだった。

ニューヨークのF・W・スティーブンス社から出版された上下二巻本のグラフィック・

ストックス。上巻には一〇〇〇以上のチャートに、各銘柄の値動きと一一年以上の月ごとの高値と安値が載せてあった。下巻には三〇年以上で最も知名度が高い八一銘柄が図示されていた。

S&P株式ガイド（無料でブローカーから手に入れたもの）。内容は一九三六年から現在までの約四八〇〇の普通株と優先株の高値と安値、利益、配当などが掲載された統計データだ。

NYSE（ニューヨーク証券取引所）とAMEX（アメリカン証券取引所）に上場されている株式の値動きを載せたバロンズの週刊金融紙。

日々の値動きを載せたウォール・ストリート・ジャーナル。

年次報告書やブローカーの情報紙から得られる、たいていは役に立たないか分かりづらい統計の寄せ集めではなく、実際の値動きを苦労して長く調べていると、以前には理解できなかったことが見えてきた。

私の印象とは異なり、値動きにはある種の一貫性があり、株価は上昇トレンドか下降トレンドに沿って動いていた。これは、現在の値動きに基づいて今後どう動きそうかが予想できることを示している。

活発に取引されている銘柄――そうでない銘柄にはもちろん関心がなかった――の日ごと、時間ごとの値動きはそれぞれかなり異なっていたが、より長期的に見れば、どの銘柄も一定の特徴的なパターンに従って動いていた。私はウォール街というカジノやその仕組みに心を奪われ、取りつかれてさえいた。

上げる株も下げる株もあった。値動き、これこそがカギとなる言葉だった。上昇トレンドであれ下降トレンドであれ、いったんトレンドが形成されると、強力な磁石に引き寄せられるかのように、その方向に動き続ける。私はその理由が分かった。買いは買いを呼び、株価は次第に上げていきがちだ。反対に、ある株価で売りが出ると、その株価での買い手がいなくなるので、より安値で売りを出すしかなくなる。この過程もまた、同じように進みがちだ。

ともあれ、途中で休むこともなくロケットのように急上昇する銘柄も、石のように急落する銘柄も、ほとんどないことが分かった。上昇でも下落でも、さまざまな水準で強い抵抗に遭うことが分かった。

チャートを調べると、この抵抗線は形に現れることが分かった。株価は一定の水準まで上げる。それから、天井にぶつかったテニスボールのようにはね返り、下げて床にぶつかる。そして、再び跳ね上がるが、前と同じ抵抗線に遭う。

結果として、ガラスのボックス内ではねるゴムボールのように変動することが分かり始めた。そして、これこそが頭の中で見え始めたものだ。株価はもはや鐘楼のなかを飛び回るコウモリのようにやみくもに動くのではなく、銘柄によってリズムは異なるが、整然と動いている。どの銘柄も頭にチャートを描いて理解できるほどに規則的で予想ができる。

行き当たりばったりに日々の値動きを見ても理解できない。ある日、ある銘柄は三五ドルで寄り付き、三八ドルの高値を付けて、三七ドルで引けるかもしれない。そして、翌日には上げ続けるかもしれないし、三四ドル、三三ドルと下げ続けるかもしれない。これがどこで下げ止まるか、だれが分かるのだろうか。

しかし、より長期でトレンドを調べると、最初のうちはわずかにだが、徐々にはっきりと分かってきた！　このおかしな値動きは筋が通っている。少なくとも秩序らしきものはあるのだ。一日で三ドル動いた銘柄は、二週間ほどで三〇ドルの安値から三八ドルの高値まで、八ドルの幅で動いていることを発見したのだ。記録をさらにたどると、私の考えが確かめられた。この銘柄はもっと安値のレンジで動いていて、三～四回は三〇ドルに達していたが、一度もそこを超えることができなかった。ところがある日、上にブレイクして、新たな天井の三八ドルに達するまで上げ続けた。それ以降は安値の三〇ドルと高値の三八ドルの間を上下して、これら二つの数字が値動きの範囲を示した。言い換えると、これによって、【三〇～三八】ドルという新しいボックスに移動したのだ。

私はもう少しで発見するところだったのか。私は少しばかりガリレオの気分になったが、観察を続けた。

さらに確かめていると、その銘柄の上昇はすべて似た動き――一つのボックスからもう一つのボックスへの動き――で成り立っていた。そして、どの段階でも一定期間は、はっきりと識別できる範囲で変動したあと上にブレイクして、次のボックス内でまた一定期間は上下に動く。

長期の値動きはちょっと調べると不規則に見えたが、実際には不規則ではなく、ボックスが一つずつ積み上がっていくような一連の動きで成り立っていた。ボックス内の変動は長く続くときも短期のときもあったが、株価トレンドの各ステージとなった。新たに次の抵抗線に向かう前にいわば力を蓄えたあと、次のステージに進み、上昇であれ下降であれ確立されたトレンドに沿って動き続ける。

私は思いがけず新事実を発見したのだ。それは暗号のカギか、舞台の照明効果をコント

始値	高値	安値	終値	純変化
35	37	34.5	37	＋2.0
37	38	36	37.5	＋0.5
37	41	36	40	＋3.0

ロールする主制御盤を見つけたようなものだった。

ボックス理論を実際の投資に当てはめるのは比較的に単純だった。もっとも、試行錯誤もしなければならなかった。

第一歩はもちろん、各ボックスの範囲を定める手法を考え出して、ボックス内の株価の変動を見て、次に移行するのは上のボックスなのか、下のボックスなのかを見誤らないようにすることだった。

素早く展開していく株価を頭の中でチャートにするのは必ずしも簡単ではない。やがて、経験から一つのルールに頼るようになった。それはほとんど常に正確だった。

トレンドを見つけるために株価を見直すとき、私はバロンズで毎週の株価を確かめた。三～四号前から最新号までざっと見れば、その銘柄の変動幅を決めることができた。

しかし、次のボックスに移りそうなときは、日々の変動を正確に調べて、二つの非常に大切な要素に注意した。一つはその銘柄のその日の最高値で、もう一つはその日の最安値だった。

高値	安値	終値	純変化
41	37	40	－1.0
40.5	37	40.5	＋0.5
40.5	36.5	40.25	－0.25

株価がまだ上げ続けている間、値動きは一六二ページの表のようになる。

このようなパターンでは、着実に上昇している。どの日の高値も前日の高値よりも高かったので、私はまだボックスの天井を決めていない。上昇はずっと続く可能性もある。

しかし、通常、上昇には限りがある。しばらくすると、上昇を生み出した買い注文が減り、上昇エネルギーがなくなって一時的に失速する。

その後、翌日以降の高値は前日の高値に達しないか、超えることができなくなった。

その値動きは上の表のようなものだった。

株価が三日連続でそれまでの高値（四一ドル）に達することができなかったとき、ボックスの天井が決まる。この高値は買い手が見つからない抵抗線水準を表し、新たな天井になった。再び上昇し始めそうだと考えるには、まずここを上にブレイクする必要があった。

新たに天井が形成されたので、通常はある程度の利食い売りが生じて、株価は反落すると予想された。ボックスの底を確定するために私がしたことは、その後どこで最安値を付けるかを観察しただけだった。下げても、三日連続でその安値を割らないところを観察することで、新たな底を確定することができた。

取り上げた例では、新しいボックスの底は三六・五ドルだったので、【三六・五～四二】ドルという狭いボックスが確定した。新たに上にブレイクするエネルギーが蓄えられて、新しい上昇のシグナルが点灯するまで、日足はこの二つの数字の間を上下に動く。私は新しいおもちゃを手にした子供のような気分だった。

私はボックスシステムを使った

よし、と私は思った。ボックスがあり、その範囲も確定できた。だが、これから何をすればよいのだろう。ボックスはいつ売買すべきかを教えてくれるだろうか。私はこの謎を解いた。理論的には、私のボックスシステムは良いツールだった。それによって個々の銘柄の株価がどう進展しているかが分かり、値動きが速すぎて高値や安値の範囲が確定できないほど変化が激しい時期を除けば役に立った。

経験から、私の手法は急上昇する銘柄が多くて、それらのなかから選別できる機会に最も恵まれている相場で使うのが最適だと分かった。もちろん、それは強い上昇相場だ。

私は進歩するほど、丁寧に選別するようになった。同じ業界のほかの銘柄が下げているのに、ある銘柄はある一つのボックスから次のボックスへと上げているとき、その理由を買う前に知ることはめったにできない、ということに気づいた。しかし、私は原因よりも結果に関心があったので、大して気にかけなかった！　私にとって重要だったのは、トレンドを見極めて、それを十分に活用できるようになることだった。さらに、私は最も上昇する銘柄に関心があった。

そういうわけで、今後大きく上げる力があることを実際の値動きですでに示している銘柄を選ぶのが最も理にかなっているように思えた。要するに、私は株を競走馬であるかのように見て、その姿で判断しようと決めたのだ。それは、たとえ初めのうちは先行していても、等外に落ちれば自動的に切り捨てて、実力以上の力を発揮して衰える兆しを見せない銘柄に集中することを意味した。

私が考えたのはこういうことだ。以前には大きく上げて、例えば一五〇ドルだった銘柄が、今は四〇ドルほどになっていて着実に上げていれば、割安に思えるかもしれない。しかし、この銘柄は出遅れていて、非常に不利な条件で苦労しながら上げているのだ、とも考えた。一五〇ドルから四〇ドルまで下げたということは、天井圏で買った人はみんなが大損をして、安値で売らざるを得なくなったということだ。そんな銘柄が再び勝ち組に見え始めるまでには、強い心理的な抵抗線を乗り越えて勢いを取り戻す必要があるはずだ。

このように見れば、劣勢の銘柄はレースで遅れをとった優勝馬とまったく同じだと感じた。勝ち始める前に、まず巻き返す必要がある。後方から上がってくる馬もいる。しかし、私の考えでは、それだけの「頑張り」ができる競走馬もランナーもほとんどいないし、そういう銘柄もほとんどない。

このように考えた私は、自分にとって本当に興味がある銘柄は過去の高値をすべて超えるものだけだろうという結論に達した。単に値上がりしているだけでなく、最も高いボックスで動いている銘柄だ。

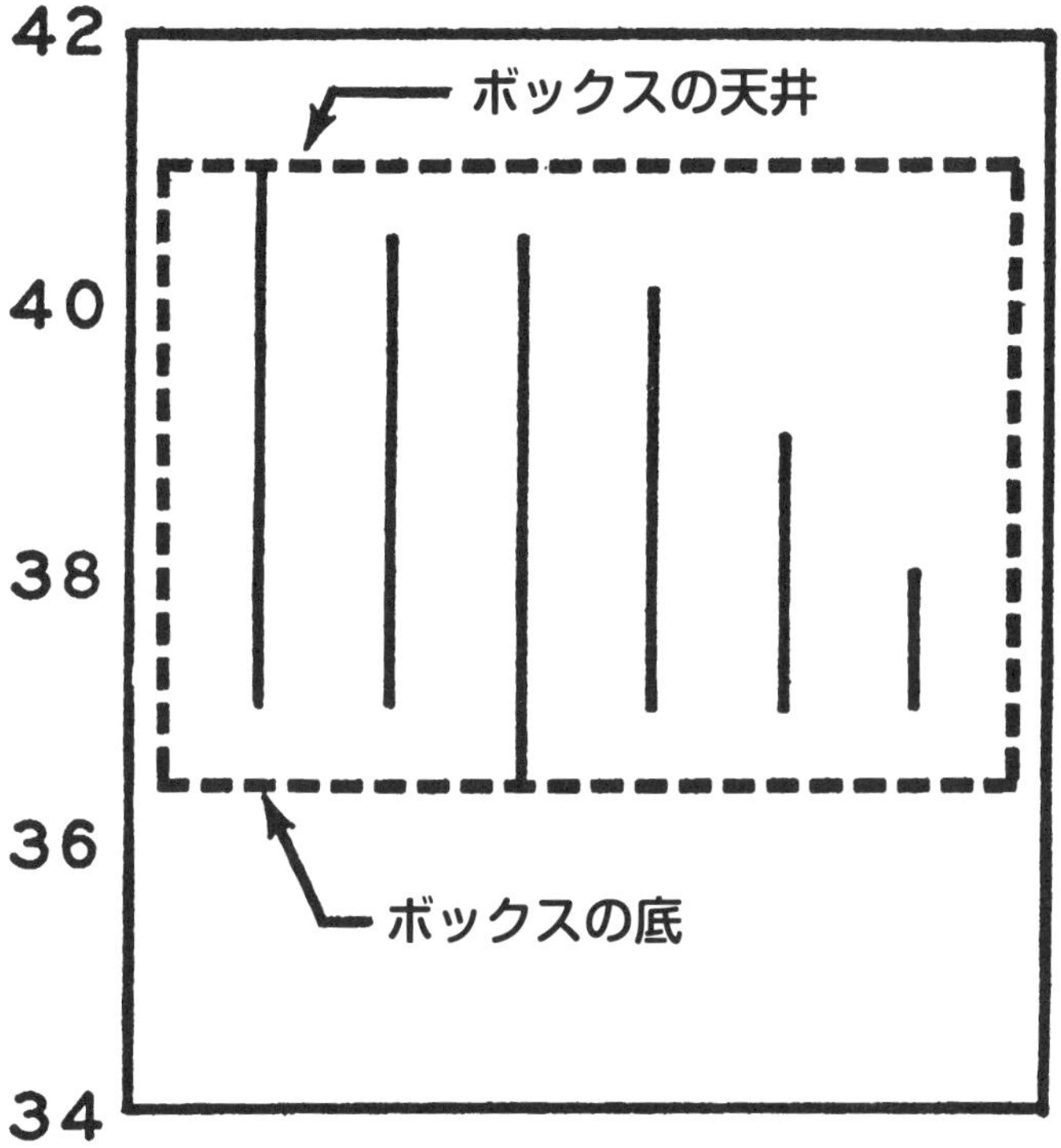
42
40
38
36
34
ボックスの天井
ボックスの底

私はいつ買ったのか

まもなく、私はタイミングを正しく計ることが極めて重要だと気づいた。ある銘柄の株価が積み重なった一番上のボックス内にあるかどうかを知るには、S&Pのリストやグラフィック・ストックスで株価を確かめればよかった。これによって、興味がある銘柄の史上最高値が分かり、それを現在の値幅とざっと見比べれば、その銘柄が一番上のボックス内にあるかどうかが分かった。そこにあれば、私は本当に興味を持ち、ブローカーに「買い」注文を出すことになる。あとは買値を決めるだけだった。

買値はできるだけブレイクポイント――天井を上に抜けて、史上最高値圏の新しいボックスに入るほどにエネルギーが蓄積されたポイント――か、そこに近いところで見つけた。というわけで、【三六・五～四一】ドルのボックス内にあるとき（四〇ドルがその銘柄の史上最高値とする）、四一ドルの天井を抜きそうだという明らかな兆候が現れたとき、つまり、**終値がいくらであっても、日足の高値が三日続けて四一ドルの天井をほんのわずかでも抜いたときに、私は買い注文を出した。**

私はどういう方法で買ったのか

ここの説明では「自動的」という言葉が適切だ。大切な利益を失わないためには、そういう取引が絶対に必要だからだ。

まだボックス理論の完成に向けて取り組んでいたとき、私はそれをルイジアナ・ランド・アンド・エクスプロレーションに当てはめる機会を見つけた。株価は数週間、着実に上げていて、一つのボックスから次の上へのボックスへと動いていた。そして、天井が五九・七五ドルの一番上のボックスが形成されたように見えたとき、私は買おうと決めた。私はブローカーに電話をかけて、私が適切だと判断した「買い」の水準である六一ドルに達した瞬間に連絡してほしいと彼に言った。

電話はかかってきたが、私は二時間、電話に出られなかった。ブローカーからの電話に出たときには、株価は六三ドルになっていた。すでに予定の買値を二ドル超えていた。これは一〇〇株買おうと思っていた私にとって、ほんの二時間で二百ドルを取り損ねたことを意味した。

株価は上げ続けたので、私の判断は正しかったことが確かめられた。安く買い損なって

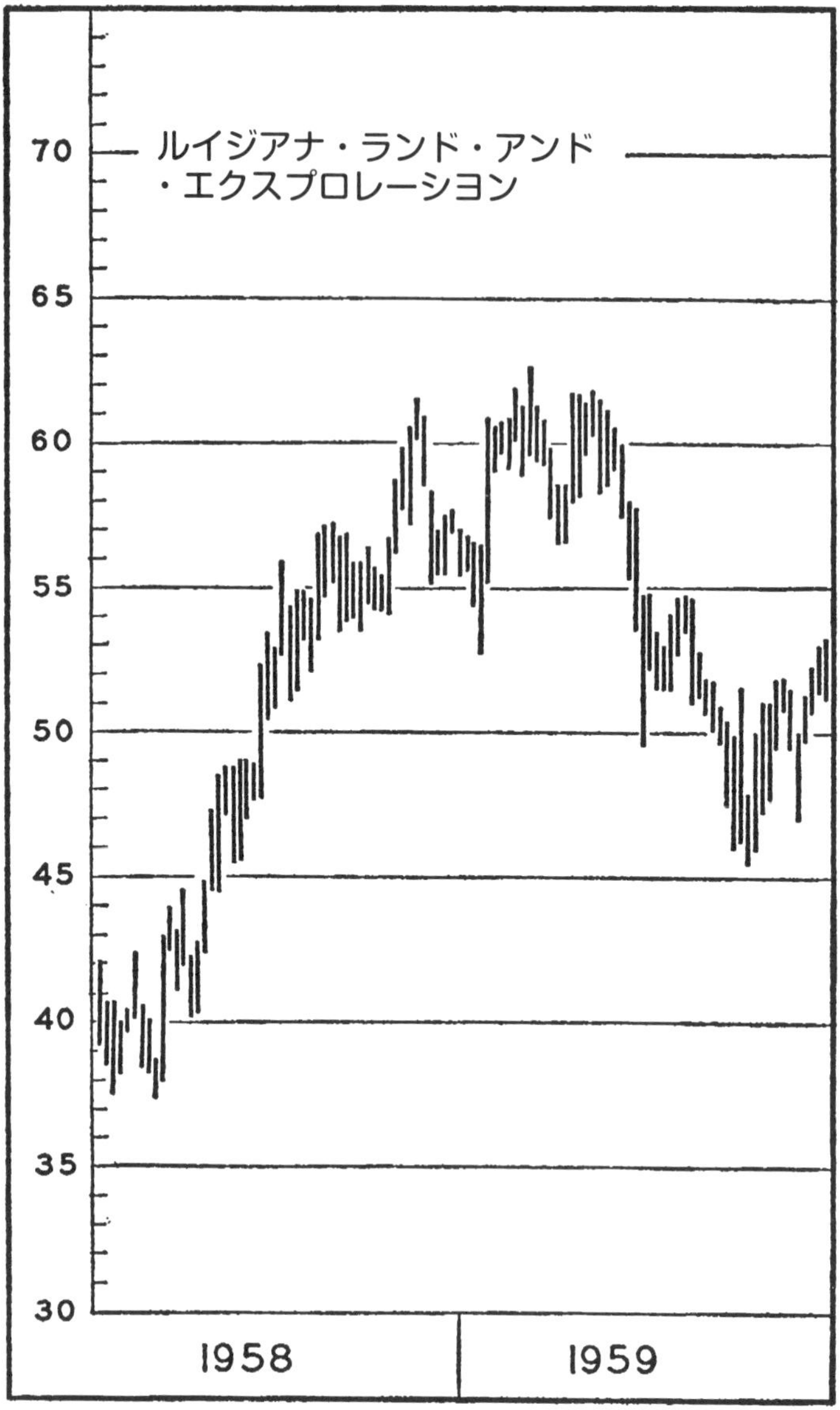
ルイジアナ・ランド・アンド
・エクスプロレーション
70
65
60
55
50
45
40
35
30
1958
1959

興奮といらだちを感じていた私は六五ドルで買い、再び失敗をしてしまった。そこは新しいボックスの天井だったのだ。

それは高くつく失敗だったが、おそらく価値はあったと思う。というのも、ブローカーとこの点について話し合っていたとき、彼から対処法を教えてもらえたからだ。今後は、買いたい銘柄があって、いくらで買うか分かっているときには、彼に買いの逆指値注文を出せばよいことになった。この注文は買いたい銘柄が望む株価水準まで上げたときに、自動的に執行される。

その後の経験から、この判断は妥当だと証明された。私はその後の三回の取引で二四四二ドル三六セントの利益を得た。取引は次のとおりだった。

●**アレゲニー・ラドラム**　【四五～五〇】ドルのボックスに入ったときに四五・七五ドルで二〇〇株買って、三週間後に五一ドルで売った。

●**コッパー・ベッセマー**　【四〇～五〇】ドルのボックスの下端である四〇・七五ドルで三〇〇株を買い、四五・一二五ドルで売った。

●**ドレッサー・インダストリーズ**　【八四～九二】ドルのボックスに入ろうとしているよう

に見えたときに、八四ドルで三〇〇株を買い、すぐに次のボックスまで上げると思ったのに、そうならなかったので、八五・五ドルで売った。

買いの逆指値注文は大きな前進であり、増えていく私の武器のなかでも確実に自動的に働くものだった。それまでの私の大きな武器には、史上最高値を超えたか、史上最高値を超えそうな銘柄を選んで、気配値が最高値に近づいた（ただし、三日続けて超えてはいない）ところを観察することで、ボックスの天井を確定するテクニックがあった。今や、私は大きな武器を手にした。それは天井をブレイクする水準よりもわずかに上に買いの逆指値注文を置くというものだ。

私は適切な銘柄を選べるようになった

私にとってもほかの多くの人にとっても、時は金なりだ。当然、私は最短で最大の利益を生み出すところに資金を投入したい。そうでなければ、私はニューヨークの古い住宅か、クリスマスツリーの林か、株よりもはるかに安全でお金を生み出す何かに投資するだろう。

私は銘柄選別の手法を作り上げようとした。ウォール街で新高値を付ける銘柄は毎日あり、私はそれらすべてを買うことはできないし、買いたくもなかった。私は本当に大きく上げる銘柄、私が七五万ドル近くを儲けたチオコールのような驚異的な一銘柄のほうが、それほど上げない何十もの銘柄よりも価値があるということを念頭に置いて、慎重にリストを絞り込むことが必要になった。私は一〇〇メートルを全力で走ってやめるような短期急騰銘柄には興味がなかった。興味があるのは、走り続ける勝ち組だった。

私は投資を始めて間もないころに、必ずしも買われていなくても、実力があるとみなせる銘柄を大ざっぱに選別する手法を考え出していた。それによって、株価を調べる時間を大いに節約できた。

週に一回、私はバロンズの最新号を静かな場所に持って行き、前週の株価が載っている統計欄を読んだ。

銘柄名と前週の株価欄の左側には、幅の狭い二列に数字が載せてあり、その年の高値と安値を示していた（第1四半期については前年の数字）。

ペンを手に持ち、ページの下まで素早く見ながら、頭の中で高値と安値を比べた。高値が少なくともその年の安値の二倍（つまり、一〇〇％の上昇）だったら、その週の高値をちらりと見た。それがその年の高値と同じか二～三ドル以内ならば、その列の外側に印を付けて、先を読み続けた。

一五分以内に、私はその週の大まかな選別をした。ほかの銘柄はどうでもよいものなので、無視しても問題なかった。

もちろん、大まかに選別しただけで、さらに調べることなくこれらの銘柄を買うわけではない。

私は次に、これらの銘柄をS＆Pのリストかグラフィック・ストックス、あるいはその両方で調べた。大半の銘柄はその年の高値かそれに近かったが、史上最高値近くにはなかった。それらがどんなに魅力的に見えても、この重要な試験に通らなかったら、必ず落とした。

そこからさらに選別をしたが、それらは主に主観的な判断によるものなので、絶対的なルールを決めることはできなかった。

私は一つの手掛かりとして出来高を確かめた

一般的に、新値水準に上げようとしている銘柄は出来高が増えていく、という点に私は注目した。それはトレーダーの関心が高まっていることを示すからだ。出来高が少なければ、ほとんど興味を持たれていないことを示していた。一方、ゼネラル・モーターズやインターナショナル・テレフォン・アンド・テレグラフのような人気銘柄の場合、出来高が多くても重要ではなかった。発行済株式は何百万株もあり、毎週の出来高は何十万株にも達するからだ。

私は出来高が比較的落ち着いていたあとに大幅に増えた銘柄を探した。私は株であれ人間であれ、普通ではない動きにはどんなものでも必ず意味があるという考え方を持っている。普段は静かな人が興奮していたら、何かがあった兆候だ。落ち着いていた市会議員が夕食の席で急に歌い出したら、とても良い知らせを受け取ったか酔っ払ったかのどちらかだろう。小動きで出来高がほとんどない銘柄が、突然、活発に取引されたら、背後で動いている人々はどんな不可解な理由であれ、これまでほとんど無関心だった銘柄をお買い得と判断したと見ることができる。私は彼らがなぜそう考えたかは分からなかったが、それが分かったころには、おそらく買うには遅すぎるだろう。だが、彼らがお買い得と考えたというだけで、私には十分だった。なぜなら、インサイダーも一般投資家と同じように自分の信念に従って行動するからだ。株価が上がるのは彼らがそう考えるからではなく、彼らが実際に買うからだ。

株のファンダメンタルズ

私には市場関係者に多くの友人がいる。私たちが社交の場に集まると、必ずビジネスの話になり、女性たちを嘆かせる。私たちがスーツ姿でいると、だれもが同じように見えるかもしれない。だが、実際には二つの立場に分かれていることが多い。

一方には、株式の将来性を会社の財務データで判断する人々がいる。彼らはいわゆるファンダメンタルズで判断をするので、ファンダメンタリストと呼ばれる。もう一方には、株の実際の値動きを観察して、今後どう動きそうかを判断する人々がいる。彼らはテクニカルを手掛かりに相場を判断するので、テクニシャンと呼ばれる。数十億ドルが動く、先の読めないウォール街で長く投資をするほど、株のいわゆるファンダメンタルズを私は信頼できなくなった。そして、持ち株の動きそのものをひたすら観察するほうを信頼するようになった。

ただし、会社や業界に関するすべての基本情報が株式相場で役に立たないとは思っていなかった。

マディソン・スクエア・ガーデンの地下からリッツ・ホテルほど巨大なダイヤモンドが発見されて、それがウォール街に気づかれていないと知ったら、私はもちろんブローカーに電話をして、現在の株価で買えるマディソン・スクエア・ガーデン株をすべて買うようにと言うだろう。

また、私は資本金などの要素も考慮した。私はS＆Pのリストを見て、その会社の普通株（優先株があれば、それも）の発行済株式数を調べた。これは明らかに、出来高を正確に判断するために欠かせない情報だった。発行済株式数が二億八三〇〇万株のゼネラル・モーターズにとっては少ない出来高でも、例えば発行済株式数が一六〇〇万株のパシフィック・ペトロリアムやその半分しかないフィリップス・ペトロリアムにとっては非常に多い出来高を意味する。

ほとんどの市場アナリストが信じているか、少なくとも私にそう言ったにもかかわらず、私は会社の利益がどうして株価に大きな影響を及ぼすのかよく分からなかった。利益によって配当が変わるのは知っている。だが、それぐらいのお金はどんな銀行に預けていても得られるし、そのほうがはるかに安全だ。

それなのに、信託基金や投資信託などの大手機関投資家は資金と投資で得た利益を株式に投資しなければならない。そして、彼らの判断は主として株式益回りという、ウォール街で固く信じられている魔法の数字に基づいている。

利益の変化に合わせて株に投資がなされるのならば、利益が最も高かった会社というよりも今後の利益上昇が最も見込まれる会社の株が上昇する、と考えるのが筋が通っているはずだ。銘柄選別では、ほかの要素が等しければ、現在か今後の利益に最も魅力があるものが私の第一候補だと分かった。多くのトレーダーがそういう銘柄を買えば、株価は確実に上がるからだ。

私は興味がある銘柄を発行している会社の財務について必ず知っておくべきこと以外は知らないほうが、心理的に望ましいと思った。知れば、重要でない情報であっても影響を受けやすいからだ。

それでも、選んだ会社が停滞した業界か衰退産業に属するかどうかは知っておく必要があった。馬車用のムチの製造会社の株価も割安とみなせるときがあるかもしれない。しかし、ムチに対する需要が増えるほどの馬車はもう存在しないので、この会社はウォール街に大した影響を及ぼすことはないだろう。この会社が電波望遠鏡用のアンテナか、同様に有望な何かについて政府と大口の契約を交わしたというニュースでも広まれば、話は別だが。

というわけで、銘柄を選ぶときには、私は相場で示唆される純粋にテクニカルな手法よりは長期的な見方をしていることに気づいた。

私がそのことを実際に紙に書き留めたのはロンドンにいたときだった。私は使えそうな相場理論を文字どおり走り書きしたのだが、メモを持って行かれてしまった。私は劇場でイギリスの退屈なミュージカルを見ていた。休憩時間になると、案内嬢が紅茶を乗せたお盆を手渡してくれた。なんと洗練された風習なのだろう！　生ぬるい紅茶を飲みたくなかったので、私は鉛筆とメモ帳を取り出して、次のことを走り書きした。

株式投資の手法

テクニカル	ファンダメンタルズ
ボックスシステム	資本金
出来高	業種

予想利益

史上最高値
現在の株価と比べた株価
買いの逆指値注文

これらを見れば見るほど、私の手法はこれら二つの融合だったと分かってきた。演奏者たちがピットに戻ってきたとき、私は自分の手法にふさわしい名前を考えていた。テクニ・メンタルはどうだろう？　あまり良くないな。ファンディカルは？　こっけいだ。テクノファンドか？　ぱっとしない。テクノファンダメンタリストはどうだ。かなり良い感じだ。私の隣に座っている人が私の持っているプログラムを見せてほしいと言ったので、振り向いてそれを手渡していたら、有能な案内嬢が私のトレイと冷めた紅茶とビスケット、それに新しく発見した投資手法を書いた紙を持ち去ってしまった。それで一つのことが確実に分かった。私の周りにはテクノファンダメンタリストがほかにいるのかもしれない。

第7章 カジノでのプレー——売りのゲーム

哲学者だったら、大きなリスクをとらずに大きなリターンを期待するのは不合理だ、と言うだろう。しかし、どの分野でも、賢明な企業家は大きく利益を伸ばしながらリスクを減らすことを変わらない目標にしている。

それを望むのが人間というものだし、私たちはそれが可能なことを知っている。それができなければ、自分の力だけで百万長者になれる人はいないはずだ。名士録をざっと見れば、株式市場で一財産を築いた人がいくらでもいることが分かる。

私はいつでもリスクを減らすことを最優先に考えてきた。たしかに、私は大金を得たかった。そうすれば自立できるからだ。また、ウォール街というカジノに打ち勝つのは素晴らしい挑戦だからでもあった。しかし、私はすでに手にしたお金を失いたくないという気持ちのほうが強かった。

私は良くも悪くも、生まれつきの現実主義者であり、一〇〇ドルで買った株が九〇ドルに下げたら、もはや一〇〇ドルを持っているのではなく、九〇ドル（マイナス手数料）の市場価値の株券を持っているとしか考えなかった。これ以外の見方をするのは希望的観測の最たるものだ。自分の一〇〇ドルはちょっと旅に出ているが、すぐに戻ってくる、と自分を偽ることは私にはできない。ありがたくないことだが、私の一〇〇ドルは株の売り手とブローカーのポケットに入った。それが現実だ。一〇〇ドルはもはや私のものではない。私が代わりに持っているものは、以前は一〇〇ドルで取引されていて、今は九〇ドル、あるいは八〇ドルか、七〇ドルの価値になった株券なのだ。来週、来月、来年にそれがいくらの価値になっているか、だれが分かるだろうか。

このように考えると、私は一種類の株しか保有できないことがはっきりした。株価が実際に上げているか、すぐに上げそうな兆候がある銘柄で、その兆候は現在までの強いパフォーマンスに基づいているものだ。下げている銘柄を持ち続けるということは、有用な資金が目の前で減っていくのを見ながら、空想にふけっていることになる。

私の相場哲学は、ウォール街の有名な格言である「安く買って高く売る」ではなく、**「上げている銘柄を買って、下げている銘柄は売る。それは早ければ早いほどよい」**だ。

いつも受話器を離さずに仕事をしているトレーダーがいる。そして、私も一時期はそうだった。私はブローカーに文字どおり一五分ごとに、「ロリラードはどうなってる？　ポラロイドは？」と、電話で尋ねていた。ほかにすることがなく、ギャンブルが大好きな人は大手証券会社のボードルームに一日中座ってティッカーを眺め、刻々と変わる相場に影響を及ぼすかどうか分からないニュース速報を読み、うわさ話をする。

私はウォール街の近くにいるのは致命的だと気づいた。私は相場のちょっとした変動や、間近に迫った合併や買収や株式分割についての話に振り回されやすかった。そうしたことに影響されているときには、どんな手法を持っていてもけっして守ることができなかった。

私が投資で最も利益を出していたのは、ニューヨークから離れていたとき、特に世界中を公演旅行していた二年間だった。

ニューヨークで事実上、ブローカーのすぐそばにいるときには、私のしたことはすべて間違っているようだった。私は不安で、落ち着かなくて、恐ろしかった。買うのが遅すぎたり、売るのが早すぎたりした。

世界の反対側の東京やサイゴンやネパールのカトマンズにいて、ウォール街との唯一のつながりがインド公使館でしぶしぶ提供されている不確かな電報を受け取ったとき、再び大局を見ることができるようになった。

一～二週遅れで手元に到着するバロンズ紙のバックナンバーを読むと、どの銘柄について何が言われているかではなく、どんな値動きをしていたかが分かった。うわさ話は聞こえなくなった。株価のちょっとした上げ下げについて、もっともらしいが、当てにならない説明をしていた相場分析の毎日のコラムも、ありのままに見ることができた。それらはどれも当てにならない推測にすぎなかった。ブローカーから電報で受け取った毎日の株価は、私が関心を持っていた銘柄の要点――毎日の高値、安値、終値――だけで、私の知りたいことはすべて載っていた。バロンズと合わせて毎日の株価を見ているほうが、マンハッタン南部の証券会社でニュース速報を眺めているときよりも、はるかにうまくボックスシステムを使うことができた。理由はもちろん、取引の現場を離れると、私の目的と無関係のことはすべて取り除いた状態で値動きの特徴的なパターンを見ることができたからだ。

しかし、はっきり分かるということは闘いの半分にすぎない。相場は急騰するだけでなく、急落するときもあるが、急落相場に巻き込まれないために、株価が下のボックスに落ちそうな兆しが見えた瞬間に、どんな銘柄でも売れるようにしておく必要があった。ニューヨークにいるときにはブローカーに電話をかければ済んだ。カトマンズでは自動的に動く安全装置、ブローカーと連絡を取れるかどうかに関係なく、危険な兆候が初めて現れたときに売ってくれるものが必要だった。

その欠くことのできない安全装置がストップロス（損切りの逆指値）注文で、私の自動的に働く次の武器であり最も重要なものだった。

これがないときは、不確かで、数時間から数日間つながらないことが多い通信に頼っていた。これがあれば、ボックスシステムは完璧だった。私はウォール街から何千キロも離れたところでうまくやれた。そこにいたときと同じくらいうまくできるというだけでなく、実際にはもっとうまくできた。そして、何よりも良かったのは、たとえウォール街で何が起きても、私が眠っている間に含み損が増えることはないという点だった。ボックスの底を割ったら、どんな株でも自動的に売られた。しかも、私が取引所のフロアにいて、自分の持ち株のブローカーだったら売ったはずの株価に近い水準でだ。

ストップロス注文について複雑なことは何もない。これは買いの逆指値注文と同様に、コミッションブローカーから特定の銘柄を取り扱うスペシャリストに事前に送られる注文で、その銘柄が一定の株価まで下げたときにすべて売るようにと指示するものだ。

私はストップロス注文をどのように使ったのか

私は上に抜ける水準のすぐ上で買い続けた。何百銘柄もの特徴的な値動きの観察に基づく私の理論では、株価がボックス内にあるかぎり――言い換えると、レンジ相場が続くかぎり――、時間ごとや日ごとにどういう変動をしても気にしなかった。しかし、今まではね返されていた天井を抜いた瞬間に、私はその銘柄を買った。私が買ったのは、いったん株価がボックスの天井をブレイクしたら、そのときまで蓄積されていた買いの力が尽きるまで上げ続ける可能性がある、と経験から分かっていたからだ。

ボックスの天井をブレイクしたら、私は状況が何か変わったので、すぐに動くべきだと思った。新たに上抜く動きは、買い手の需要が急速に膨らんだために生じる（需要がどうして増えたかを気にする必要はない）。これはピストンヘッドの後ろにたまった蒸気で圧力が高まると、ピストンが突然前に動いて圧縮するのと同じだ。

また、私は逆の面にも気づいた。ボックス内で上下に動いていた株価が突然、下にブレイクしたら、これまでは底があったという事実から株価が何かに支えられていたと推測するしかない。だが、支持線がどういう性質であれ——私がそれを知る必要はなかった——、それがなくなると、何か重要なことが起きたに違いないと分かった。そして、ボックスの底を下にブレイクしたら、株価がどこまで下げるかや、次の支持線の水準で下げ止まるのかを知ることはできないので、私は売った。

ほかの人々から言われたこととは逆に、下げている株を持ち続けても得るものは何もなく、失うものは多かった。一ポイント下げるたびに一〇〇〇ドル以上の損が出ても、損を取り戻せると望むのはギャンブラーの希望的観測に似ていた。私は損失を食い止めるために、下げ始めたと確信したその瞬間に売りたかった。その瞬間とはボックスの底を割ったところだ。

株価はボックスの底まで下げたあと、好きなだけ反発することもある。実は、これには良い影響があると思っている。それは、短距離選手が走る前にジャンプをして体をほぐすのに似ている。小心で自信がないトレーダーによる利食い売りは上昇の勢いを弱めるが、彼らがふるい落とされると、本当に上げ始めたときに反発のエネルギーはいっそう強くなる。

そういうわけで、株価が【三五～四〇】ドルのボックス内にあるときには、三五ドルまで何回下げても気にしなかった。しかし、ボックスの底を割った瞬間に、私は売った。なぜならば、その支持線を弱める何かが起きたことが分かったし、どこまで下げると新しい支持線に達して、新たなボックスが形成されるのかを予測できなかったからだ。

そのため、私はボックスの範囲をもちろん慎重に判断したあと、ボックスの底のすぐ下にストップロス注文を置いていた。

実は、私はギャンブラーが良い手札を本当に必要になるまで出さないでおくような方法で、ストップロス注文を利用した。この注文を防護ネットとして使ったのだ。私はこの銘柄はきっと上がると確信して買うことがよくあった。新任者が物事を一気に変えることがあるように、この新しい銘柄は一気に上げると思った。だが、必ずしもそうはならなかった。そのため、新しく買った銘柄が私をあざ笑うかのように反落したときに損を限定したかった。ストップロス注文は一種の防護ネット、買値のすぐ下で自動的に損切りを行うサーキットブレーカーの役目を果たした。これを使うことで、私はよく眠れるようにもなった。新しく株を買って海外に出ても、自分は常に守られていると分かっていたので、株を買ったことを忘れていられた。

私には株式市場に関心がある若い弁護士の友人がいる。ある日、彼とロングチャンプスで昼食をとった。そして、いつものように私の手法について議論を始めた。ハーバード大学で鍛えられている彼は、その手法をまったく正統的でないと考えていた。「あなたはいつも幸運だっただけですよ」と、彼は言った。私は説明を試みた。「見て」と彼に言って、鉛筆を取り出し、テーブルクロスに私の手法を書き始めた。「株価が【三五～四〇】ドルのボックス内にあるとするよ。話を単純にしておくために、四〇ドルは史上最高値でもあるとしよう。株価の特徴的な値動きとボックスを観察すると分かるのだけど、いったん株価が四〇ドルを超えたら、明確な上昇トレンドに乗るので、ここで買う必要がある。だから、私は四〇・一二五ドルに買いの逆指値注文を置くんだ。また、観察をしていて分かったのだけど、新しく上のボックスに入った株価は（トレンドが明らかに反転しないかぎり）そのポイントを下にブレイクすることはなかなかない。だから、私は四〇・一二五ドルに買いの逆指値注文を置くと同時に、三九・八七五ドルにストップロス注文を置く。新しくできた上のボックスの範囲が決まるまで、三九・八七五ドルが防護ラインなので、そこまで下げたら反落しているとみなして、売るんだ」

私にとって、ストップロス注文は常に防護ネットであり、危険な高所で働くとび職のように、上がると必ずこの注文を下に置いた。私が落ちても、そこにネットがあった。だから、私はけっして一階――この場合は一つのボックス――以上は落ちなかった。

私はストップロス注文が防護ネットとして貴重だといつも思っていたが、ほかの価値もあった。私はどのポイントで買うべきかを経験から学んでいて、それでまあ悪くはなかった。だが、いつ売るべきかのコツをつかむのは難しかった。

ボックスシステムで値動き方向を図示すると、上昇トレンドが分かった。私が理解も推測もできなかったことは、株価がいつ天井を付けるかだった。

私は妥協策として、天井――特に株価がボックスの天井に達したあと反転して、一番上のボックスの底を割ることで、下降トレンドに確実に入ったことが示されるポイント――にできるだけ近いところで売ろうとした。その天井から二～三ポイント以内で売るために私がしたことは、株価の上昇と同時にストップロス注文を引き上げることだけだった。私はぴったり天井では売れなかったが、いつもかなり近くで売ることができた。

この自動的な手仕舞い法が勝率を高めて、損を最小限にし、手遅れにならないうちに利益を確定して守る私のやり方だった。そして、証券会社も報われた！

自動的な手仕舞いで、なぜ私はちょっとした予言者になったのか

私はよく、「株式市場で二〇〇万ドルを稼いだ男」と言われる。また、私は一九六二年五月三〇日の暴落を自分のトレード手法で予測していて、実際には四カ月半前にすべてを手仕舞っていたため、「暴落を予測した男」や、ちょっとした予言者と呼ばれることもある。だが、このせいで、暴落の重要性が強調されすぎているかもしれない。実際のところ、一九六二年五月の相場は、専門家が「調整」と呼ぶ局面にとっくに入っていてもよい時期だった。また、長期の株価チャートをちょっと調べると、市場にはもともと好不況の波があり、「上昇」と「下落」をかなり規則的に繰り返していることが分かる。一九六二年の暴落には、下げ幅の大きさを除けば特に変わったことはなかった。株価がいつもよりも大きく下げたのは、過去の上昇時よりもはるかに高値まで上げていたからだ。そのせいで、下げ幅も大きかったのだ。

ブローカーや市場「アナリスト」は株式市場にまるで知性か少なくとも感情でもあるかのように、その雰囲気や落ち込みや熱狂、あるいは健全度や不調のさまざまな状態について一般論で話すのを好む。こういう話し方は生き生きしているが、比喩にすぎない。

実際には、「株式市場」という動物も、ブル（雄牛）やベア（クマ）という動物もいない。大きなカジノ（それに、さまざまに小さなカジノ）があって、そこで何千人もの熱心なギャンブラーと少数の冷静な人が自分のチップで賭けているだけだ。ある銘柄に賭けている人々のうちで悲観的な人よりも楽観的な人のほうが多いと、株価は上げる。逆ならば、下げる。上げる銘柄よりも下げる銘柄のほうが多ければ、市場は「ベア」だと言われる。これは非常に複雑なクイズ番組のようだ。

私にとって、勝つための唯一の方法は、賭けるとうまくいきそうかどうかを注意深く観察することだった。そして、上げ続けるほうに賭けて、うまくいかないときにはストップロス注文で手仕舞う。

これよりも複雑に見せる理由がある人は一般論で話したがる。例えば、選ばれた三〇銘柄から成るダウ工業株平均で測った株式市場――つまり、株式一般――の「全般的な成長」について多くのことが書かれる。

ある程度、私はこの種の考えに影響されていたし、おそらくそれは正しかっただろう。というのは、平均株価と個々の銘柄のパフォーマンスには心理的な関係があるからだ。「地合い」が悪くなっているとトレーダーが思っているとき、彼らはどんな銘柄も買うのをためらうようになる。

しかし、相場が反転して、平均株価が上昇しても、私は必ずしもそれに乗るわけではない。「上昇相場」では多くの銘柄が上げている。そうでなければ、平均株価が上昇しないことは明らかだ。しかし、平均株価が急上昇しているときでも、下げている銘柄はたくさんあった。上昇する銘柄は毎週、毎日、しばしば刻々と入れ替わり、ある業種から別の業種へと絶えず動く。

私が取引をしているブローカーの一人はセールストークで、インフレに打ち勝つ最も良い方法は株への投資だと言った。ダウ平均などの平均株価は長年、物価の上昇と足並みをそろえるか先んじて動く。そのため、貯金の固定金利や債券の利子などはインフレについていけないが、投資した資金の価値は変わらないという。

だが、これは観念のなかにしか存在しない抽象論で、表面的な分析だ。たしかに、ダウ平均は二〇年前よりもはるかに高くなっている。だが、見落とされていることがある。平均株価を構成する三〇銘柄は必ずしも毎年同じではないのだ。下げている銘柄は外される。そして、新しい銘柄と入れ替えられる。

平均株価が上昇している。それは素晴らしいことだ。だが、私が買いたい銘柄はどうな

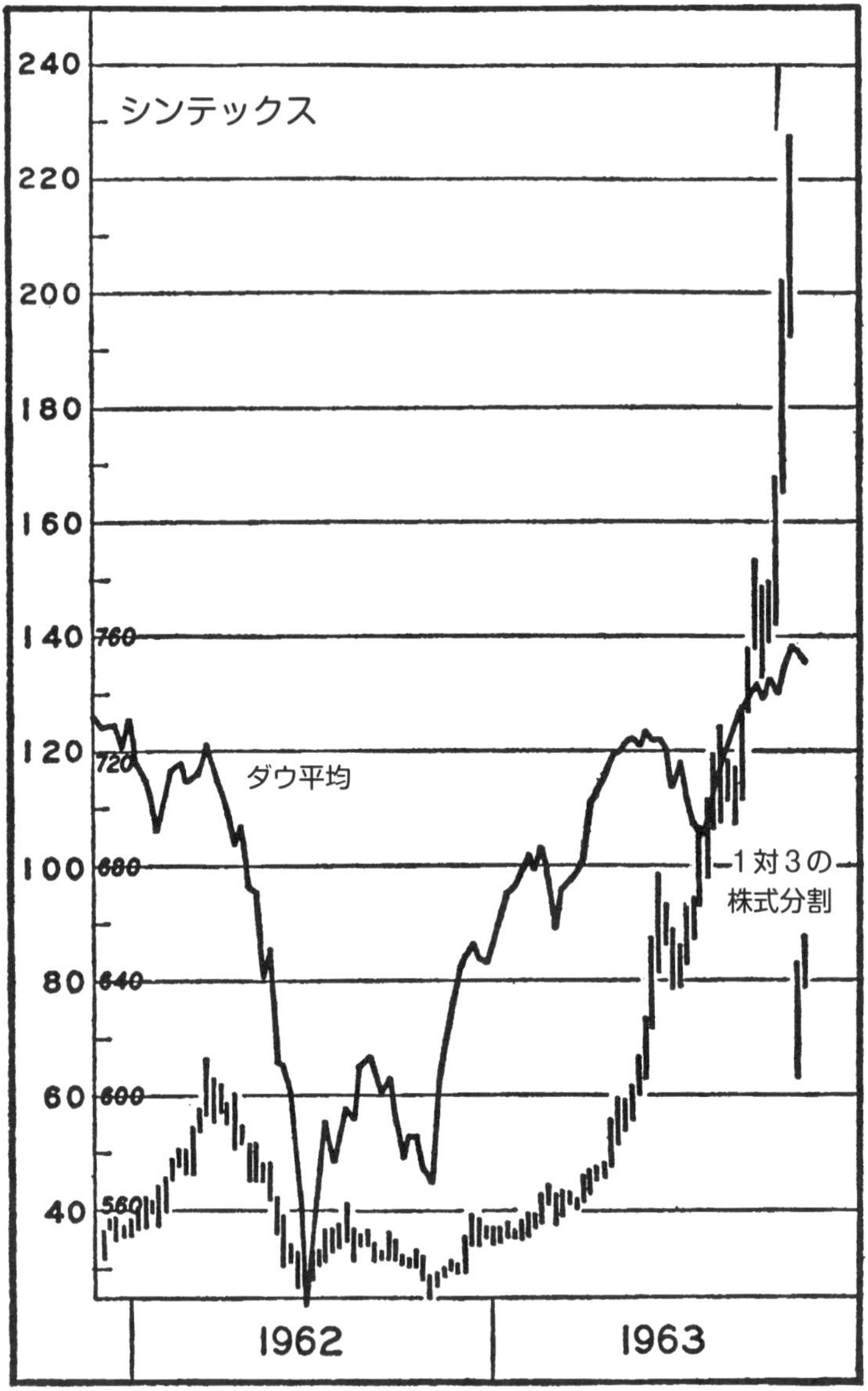
シンテックス
240
220
200
180
160
140
120
100
80
60
40
760
720
680
640
600
560
ダウ平均
1対3の
株式分割
1962
1963

るのだろう。残念ながら、私はダウ平均の株を買うことはできない。私は特定の一つか二つか三つの銘柄に賭けるしかない。そして、これら特定の銘柄がどう動きそうかを、平均株価からはけっして知ることはできない。

プラトンの説く一種のイデアである平均株価と個々の具体的な株の違いについて考えると、ある古典を思い出す。アリストテレスはもう一人の有名なギリシア人の仕事について言った。「私は人々の理想像について書くが、エウリピデスは人々のあるがままの姿について書く」

私は経験から、個々の銘柄のパフォーマンスを判断するときには、あるがままの動きに注意を払うべきだということを学んだ。

平均株価というものは幻想だ。平均株価とまったく同じ動きをする銘柄などない。一般論としての「マーケット」について言えることは、天気か季節のようなものというだけだ。夏になると太陽が照りつけて、気温は上昇する。もちろん、このことはどんな活動を計画するときでも考慮する必要がある。だが、太陽が照りつけていても、局地的に雷雨が発生することはあるし、山間部では夜に肌寒くなることもある。私は六月に雪が降るのを見たことがある。

要するに、市況は季節のように表現されるが、実際にはさまざまに変化するのだ。どの季節でも常に快適でいるためには、買うものを慎重に選ぶ必要があった。私は他人の日光で暖かくなることはできない。「平均的な」傘をさしても、ぬれてしまう。私には自分の傘が必要で、それも自動的なものが欲しかった。

株式市場の多くの雨期や何度か降るひどい土砂降りや一九六二年五月の洪水の間、ぬれないように自動的に開く傘がストップロス注文だった。

二年間のダンスツアーのために世界中を回っていた一九五七年の秋に、私はボックス理論とそれを補助するストップロス注文によって利益を手にし始めた。その銘柄はロリラードという株だった。私はこの銘柄について、それまで耳にしたことがなかった。サイゴンのアルク・アン・シエルホテルで公演をしていたので、ガンに対する恐怖心からフィルター付きタバコがアメリカで流行し始めていたことを知らなかったのだ。

この銘柄で私の注意を引いたのはそのパフォーマンスだけだった。「マーケット」は低迷していたが、それを知るのに、専門家に高いお金を払う必要はなかった。それはバロンズに載っている大多数の銘柄のパフォーマンスを見れば明らかだった。それらは下げていた。ロリラードだけが違っていた。NYSE（ニューヨーク証券取引所）でほとんどこの銘柄だけが上げ続けていた。

調べてみると、この銘柄は短期間に一七ドルから二七ドルまで上げていて、出来高も着実に増えていた。この年の初めごろは週に一万株だったのだが、一〇月の第一週は一二万七〇〇〇株近くになっていた。

この時期には、株価は【二四～二七】ドルという狭いボックス内を動いていた。過去のパフォーマンスから判断して、二七ドルを超えることができたら、少なくとも三～四ポイントは上げるだろうと思った。それで、ロリラードが市場全般の下降トレンドに抗して、まだボックス内を活発に上下していたとき、私はブローカーに電報を送り、二七・五ドルで二〇〇株を逆指値で買う注文と、二六ドルにストップロスを置く注文を出した。

この注文から、このころは私がまだボックス理論に厳密に従っていなかったことが分かる。従っていたら、買値のすぐ近くにストップロス注文を置いていただろう。だが、私はまだこの手法を完成させてはいなかったので、ダマシの動きでふるい落とされないように、少し余裕を持たせたほうがよいと思っていた。

それでも、その日には予想以上に反落して二六ドルのストップロスに引っかかった。同じ日に、株価は二六・七五ドルまで反発した。

それにはがっかりしたが、株価は上げ続けた。私は基本的には正しかったと確信したので、二八・七五ドルで再び買った。

その後の動きで、私の判断が正しかったことが裏付けられた。一二月までに、ロリラードは新しい【三〇～三五】ドルのボックスを形成した。一月になると、再び上昇を始めた。私はそのころにはバンコクでの公演を終えて、日本に向かっていた。だが、相場について知る必要があることはすべてバロンズ（通常はほんの数日遅れて航空便で送られてきた）や、ブローカーから毎日送られてくる電報で確かめることができた。電報では、私がそのときに関心を持っていた銘柄の株価が伝えられた。

東京にいたとき、ロリラードをもう四〇〇株買うようにという電報をブローカーに送った。株は三五ドルと三六・五ドルで買うことができた。

上昇は続き、四四・三七五ドルまで上昇したあと、初めて大きく反落した。二月一九日には突然に急落して、三七・七五ドルで引ける前に、三六・七五ドルの安値を付けた。タバコのフィルターの有効性について不利なリポートが出たために、一時的に狼狽売りが出たためだった。もっと下げるのを恐れて、私はすぐにニューヨークに電報を打って、ストップロス注文を三六ドルに引き上げてもらった。

だが、下落はダマシだった。株価は上昇した。その勢いが強かったので、私は追加で四〇〇株を今度は三八・六二五ドルで買った。三月にはしっかりと【五〇〜五四】ドルのボックスに入り、私は持ち株の一〇〇〇株に対するストップロス注文を四九ドルに引き上げた。

二八・七五ドルから三八・六二五ドルまでの範囲で買うのに要した費用は合計で三万五八二七・五〇ドルだったが、最後の三回目は信用買いだった。そのため、ほかの銘柄を買うために、運用資金のかなりを残しておくことができた。

ロリラードはさらに二〜三週間上げ続けたあと、勢いを失い始めた。五月中旬には、私が望んでいたほど活発に動かず、出来高も減ったので、私は売って、お金をほかに移すことに決めた。大きく下げても、私はストップロス注文で守られていた。しかし、一方では、値動きが止まっているだけでもお金を損している気がした。

一〇〇〇株の平均の売値は五七・三七五ドルだった。合計は五万六八八〇・四五ドルだった。利益は二万一〇五二・九五ドルになった。

一方、ボックス理論をほかの銘柄に当てはめて、私はさらに自信を持った。その銘柄は当時のアメリカで大流行し始めていたダイナース・クラブだった。最初は、二四・五ドルで五〇〇株を買い、そのすぐあとに二六・一二五ドルでさらに五〇〇株を買った。株価は急上昇して、【二八～三〇】ドルから【三二～三六】ドル、最後には三月下旬に【三六・五～四〇】ドルまで、ほぼ完璧な一連のボックスをブレイクしていった。一方で、私はストップロス注文を最後のボックスの底よりもわずか下の三六・三七五ドルまで引き上げた。

しばらくは決めかねていたが、ダイナース・クラブに関心がなくなっていった。そして、株価は四月の最後の週にボックスの底を割り、ストップロスに引っかかった。売値から手数料を引くと、三万五八四八・八五ドルになった。利益は一万三二八・〇五ドルだった。

私はロリラードとダイナース・クラブから得た利益で本格的に動こうと決めた。そして、すぐに買いたい銘柄を見つけた。新しく買ったのはE・L・ブルースだった。一九五八年四月に出来高が驚くほど増え始めて、五月には毎週七万五〇〇〇株が取引されていた。株価は二カ月で一八ドルから五〇ドルまで大幅に上げていた。

そのころには、急騰株を買えるほどの資金を持っていた。五月に買ったのは次のとおりだった。

●E・L・ブルースを五〇・七五ドルで五〇〇株

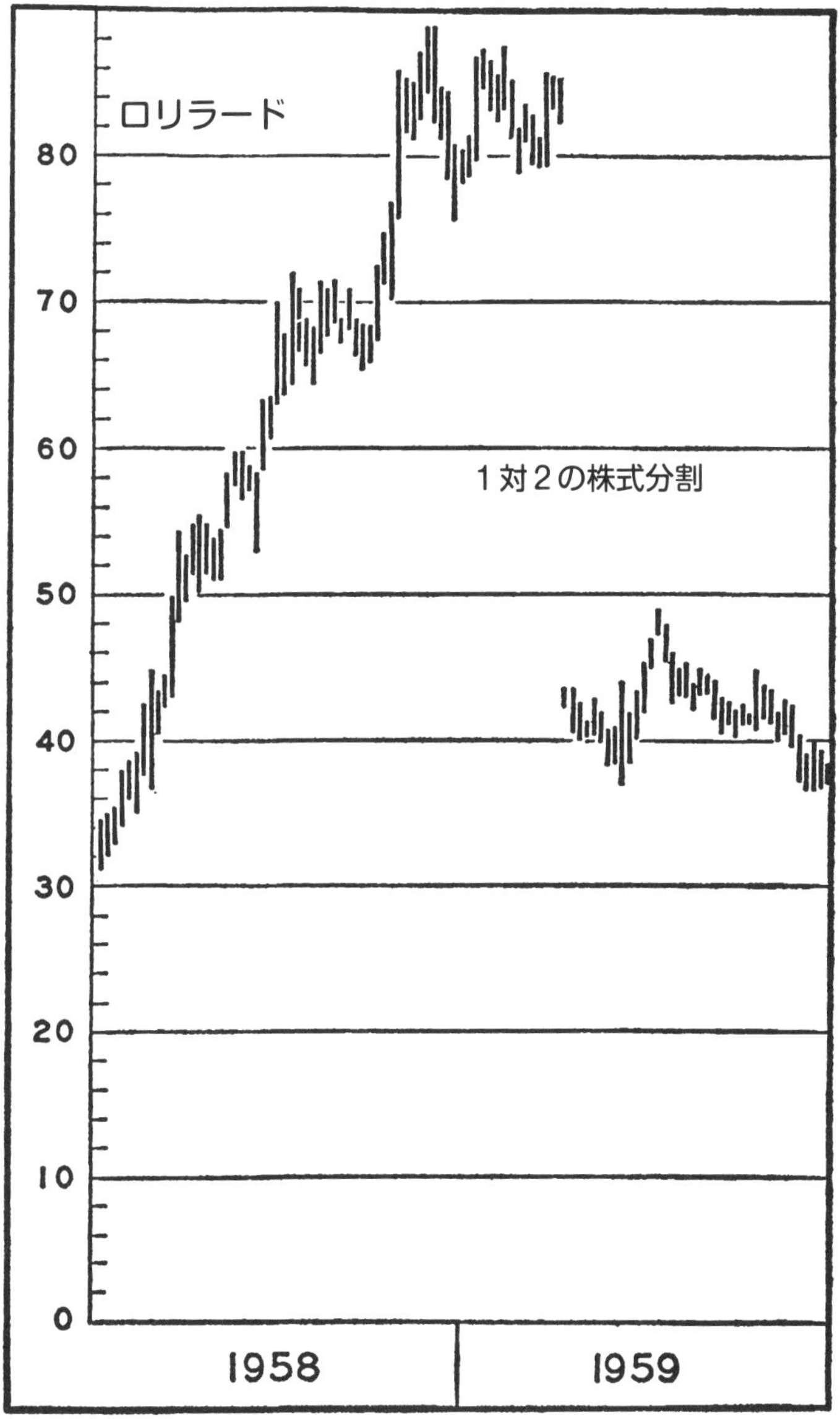
ロリラード
80
70
60
50
40
30
20
10
0
1対2の株式分割
1958
1959

●E・L・ブルースを五一・一二五ドルで五〇〇株
●E・L・ブルースを五一・七五ドルで五〇〇株
●E・L・ブルースを五二・七五ドルで五〇〇株
●E・L・ブルースを五三・六二五ドルで五〇〇株

これら二五〇〇株を買うのにかかった費用は一三万六八七・五五ドルだったが、五〇%の保証金で信用取引をしていたので、実際に投資した現金はこのおよそ半分だった。

この期間には、E・L・ブルースの株価に影響を及ぼすことが舞台裏で起きていた。だが、私はそれについては何も知らなかった。私が知っていたことはバロンズに載っていることと、私が取引しているブローカー――用心のために現在は三人いる――から毎日受け取る電報の内容だけだった。

そういうわけで、カルカッタのグランドホテルでAMEXがE・L・ブルースの取引を突然停止したと電話で知らされたとき、私はあやうく損をするところだった。株価はそのころ七七ドルだった。

ブローカーから電話で知らされたことによると、会社の支配権を巡って争いが起きているようだった。ニューヨークの製造会社の社長であるエドワード・ギルバートと関係者たちがブルース株を買い集めていたため、出来高が大幅に増えていた。そのうえ、会社で争いが起きていることを知らないトレーダーたちによる大量の空売りを招いていた。彼らは株価が上げ続けるとは信じられなかったのだ。

ところが、実際に上げ続けると、空売り筋は借り株を返すためにいくら高くても買い戻さざるを得なくなった。その結果、相場は狂乱状態に陥った。ＡＭＥＸの理事たちは結局、この銘柄の秩序を維持することはできないと判断した。

もちろん、取引が停止されても空売り筋が抱える問題は解決しなかった。彼らは借り株を返さなければならなかった。そのため、彼らはどんなに高値でも店頭市場で買うしかなかった。店頭市場では株価はすでに一〇〇ドルに達していた。ブローカーが私に尋ねたのは、手仕舞いたいかどうかだった。

それは文字どおり一〇万ドルの問いだった。それが当時のおおよその利益だった。それはまた、原則の問題でもあった。私の理論が正しければ、現金が必要な場合を除いて、上げている株を売る理由は考えつかなかった。

私は持ち続けることに決めた。株価は続伸した。その銘柄はもう店頭市場でしか取引されていなかったので、ストップロスを置いて身を守ることはできなかった。あちこちのブローカーから売ってほしいと言われ、そのたびにより高値で買うと言われた。株価が横ばいをし始めたように見えたとき私は一度に一〇〇株か二〇〇株ずつ売った。二五〇〇株すべてを売って得たお金は四二万七五〇〇ドルで、一株当たりの平均株価は一七一ドルだった。

私の利益は二九万五三〇五・四五ドルになった。私は楽しい思いをして、自分の手法の有効性を確かめられた。もっと大きな成功をするのは先のことだったが、これほどの満足をしたことはなかった。

E・L・ブルース社内の権力闘争は最終的に国際的なニュースになった。それは最初から最後まで興味深い話だった。エドワード・ギルバートは敗れて追放された。一方、私は考案した手法とちょっとした運のおかげで、かなりの利益を得た。

私は長い一連の取引のあらゆる段階でボックス理論を試し、洗練し続けた。なかでも、前に触れたようにチオコールでの成功が最も大きくて、約八六万二〇〇〇ドルの利益を得た。

ボックス理論を使うにつれて、この理論にきちんと従うほど利益は増えて心配は減るということが分かった。この理論に従わないときには、必ず失敗した。これは相場の流れが変わり始めたときに、特に言えることだった。そして、一九六二年五月の暴落を示唆するかすかな兆候は、すでに一年前から現れ始めていた。

私の買った株は上の新しいボックスに動いていくべきなのに、ますます動かなくなっていた。株に対する需要が減るにつれて、上のボックスも形成されなくなった。不規則な値動きに対処するために、私は相場観や直感に頼って、ストップロス注文をそれまでよりも下に離して置きたくなった。

システムはそれを使う人に合ったものでなければならない。ある性格の人に役立つことでも、別の性格の人にはまったく役に立たない。そして、株式市場でもどこでも、ある程度はひらめきによる推測がうまくいく余地がある。

それでも、ひらめきが間違っていた場合は、代償を支払うことになる。そして、私は時に代償を支払った。

例えば、ロリラードでかなりの利益を得た私は、この銘柄に親しみを感じていた。申し分ない利益をもたらしてくれた銘柄だったから、もちろん再び投資した。結果は次のとおりだ。

ロリラードが再び上昇し始めようとしていると思い、私は三回、勝負をした。一回目は七〇・五ドルで一〇〇〇株買って、六七・八七五ドルでストップロスに引っかかり、三五九〇・七六ドルの損を出した。私はひるむことなく再び試みて、五〇〇株を六九・一二五ドルで買った。そして、六七・七五ドルでふるい落とされた。自分の判断は正しかったと意地になり、また買いを試みた。六七・七五ドルで一〇〇〇株を買った。そして、買うタイミングを再び間違っていた場合に損を最小限に抑えられるようにしようと考えて、今度はストップロス注文を買値のすぐ下に置いた。そうしたのが良かった。六七ドルですぐにふるい落とされたからだ。

これら三回のトレードで出した損失は合計で六四七二ドルだった。この経験から、私は「お気に入り」銘柄に執着しないようになった。私には株式市場でお気に入り銘柄を保有する余裕はなかった。

また、ストップロス注文の使い方について、この三回のロリラードでの経験が何を意味するか、分かった。より厳密に使うほど、損を減らせた。例えば、一回目に買ったときの損は三五九〇ドルだったが、三回目は一七一二ドルの損で済んだ。買ったのは毎回、一〇〇〇株だった。違いは、一回目はストップロス注文を買値から二ポイント以上離して置いたが、あとの二回では〇・七五ポイントしか離さなかった。

そういうわけで、常識的に考えれば、ストップロス注文はできるだけボックスの底に近いところに置くべきだ。

ある場合には、私が銘柄の「個性」と考えた点を考慮した。すべての銘柄が必ずしも同じような動きをするわけではない。舞台のプリマドンナのようにとっぴな動きをする銘柄もある。しかし、とっぴさにも限度がある。人はある程度の逸脱は許容する。だが、限度を超えると、「すみませんが、お嬢さん、あなたとはお付き合いできません。あなたは私のボックスシステムとは合わないのです。さようなら」と丁寧に告げる。

一九六一年の秋までに、すべての持ち株がストップロスに引っかかりそうに見えた。なかには買ってまもないものもあった。持ち株は次々とストップロスに引っかかって、売られていった。ときどき、その同じ銘柄に回復の兆しが見られた。そこで、私は再び買ったが、また目の前で扉をバタンと閉められた。

このようにして、私が手放した銘柄には次のようなものがある。

ゼニス・ラジオ（株式分割前に）一六三ドルで買い、一五七ドルでストップロスに引っかかる。一九二・七五ドルで再び買うが、一八七・二五ドルでまたストップロスに引っかかる。

センコ・インスツルメンツを七二ドルで買ったが、六九・一二五ドルでストップロスに引っかかった。そして、二八・二五ドルまで大きく下げたあと、現在は四二ドルほどの値を付けている。

これを知ると驚くかもしれないが、実は一九六一年になっても、私はまだ教訓を学んでいた。というよりも学び直していた。当時は値動きがいっそう不確かになっていたため、私の損失は前よりもずっと大きくなっていた。まだ多くの銘柄が新高値を付けてはいたが、プロのトレーダーたちは大相場はもう続かないと感じ始めていたに違いない。その結果、多くの空売りと絶え間ない利食い売りがあったため、上昇は不規則で多くの変動があり、突然に反落することもあった。

例えば、一九六一年五月にMCAを一〇〇株試し買いしたとき、六七・五ドルに買いの逆指値を置いて買ったが、六五・七五ドルでストップロスに引っかかった。実際の損失額は大きくなかったが、一株当たり一・七五ポイントもの損を出した。一〇〇株ではなく、一〇〇〇株を買っていたら、損失は一七五〇ドルになっていた。

同じ年の九月の似た状況では、一八一・七五ドルでミード・ジョンソンを三〇〇株買ったが、一六九・五ドルでストップロスに引っかかった。私は意図的にストップロスを買値から離して置いていた。一二ポイントくらいの変動はその値幅では五％くらいでしかないので、それほど大きくないと考えていた。しかし、損失は三六〇〇ドルになり、少なくはなかった。

損失リストにはほかの銘柄もあった。そして、それが改善の兆しもなく長くなっていきそうだったときに、買うのを止めてしまった。一九六二年一月には、私は完全に相場から手を引いていて、口座には一銘柄も残っていなかったし、投資を考えている銘柄も一つもなかった。

何かがおかしかった。ブローカーやウォール街の予想屋や投資予測業者はまだ強気相場について話していたし、ダウ平均株価は七〇〇ドル台まで上昇して、史上最高値に近づいていた。だが、私の経験によれば、株式市場は中盤の下落相場に入っていた。上のボックスまで上げている銘柄は何もなかった。株価は私が一財産を築いたような急成長をするにはすでに高すぎた。一休みして、次に何が起きるか見守るしかなかった。

これができたのを自分の手柄にするつもりはない。これは私に洞察力か予言の才能があったかどうかという問題ではない。私のボックスシステムと自動的な手仕舞い機能が私のために働いてくれたというだけだ。市場そのものはストップロスを自動的に働かせるような値動きをして、危険信号をちらちらと点滅させていた。そのたびに、私の持ち株はトレンドが転換し始めたところで自動的に売られていった。

だから、私は五月の暴落よりも何カ月も前に相場から手を引いて、プラザホテルのオークルームでプランターズパンチを飲みながら、静かに新聞の見出しを読むことができたのだ。

そのときに、苦心して考案した私のトレード手法の最も優れたところは一財産を作れたということではないと気づいた。それよりもはるかに重要だったのは、その手法によって私の財産を守れたということだった！

第8章 利益を計算する

J・P・モルガンが言ったように、「相場とは変動するものだ」という点を除けば、株式市場で確実なことは何もない。

変動は競馬を可能にするのと同じ要因——多様な見解——によって引き起こされる。オーティス・エレベーターが上がると思うトレーダーもいれば、下がると思うトレーダーもいる。彼らはその考えに従って賭ける。そして、そうした賭けによって株価は変動するのだ。

私について言えば、賭けをする前に値動きをしっかりと見て、実際にどちらに動いているのかを確かめようとする。

私はカジノで最初から多額のお金を賭けて儲けた人をたくさん知っている。私も最初に三〇〇〇ドルから始めて、相当の利益を得た。最近、パーティーで若いダンサーに無理やり引き留められたことがある。「あなたは株式市場の本を書いたニコラス・ダーバスさんでしょう」と尋ねられた。そして、私に情報を求めた。彼女はダンサーの仕事が「休みが少なく生活が苦しい」ので、投資をしようと考えていた。私は彼女に、「いいですか。五〇〇〇ドルを賭ける余裕がなければ、投資はできませんよ」と言った。彼女は私の態度にムッとして、立ち去った。私は思った。「ニコラスよ、他人の庭師になってはいけない。自分の木々の世話に専念するんだ」。私は一人でカジノに入って、一匹狼でプレーをして、一匹狼で去ろうと決めた。そして、勝ち組になることを願った！

私の手法は今までのところはうまくいっている。たしかに、私はギャンブルをしている。しかし、私は経験から学んだ注意深さでギャンブルをしている。言えることは、何かで痛い目に遭ったら、私はそこに近づかないということだ。私は低位株で非常に悪い結果を残した。損を何度も出した。そのうえ、高い手数料を取られた。

私の目的にとって、低位株のパフォーマンスはバラツキが大きすぎた。これらの銘柄を扱うフロアトレーダーは手数料を払わずにここで〇・一二五ポイント、そこで〇・一二五ポイントと狙い撃ちをして素早く逃げる。そのため、チャートは乱れて、ボックスは不安定になる。もっと高値の銘柄はこれほど軽く扱われない。高値の銘柄はもっと丁寧に扱われる。したがって、上昇や下落はもっと秩序だっていて、観察しやすい。

私はずっと前から、常に適切な銘柄を選べるわけではないと自覚していたので、私の目標は上昇率が最も大きくなりそうな銘柄を狙うことだった。そのため、私がすべきことは、負けたときには損を少ししか出さず、勝ったときには利益が大きくなるようにトレードを管理することだ。

ストップロス注文（逆指値注文）は損を減らすための主要な武器だ。ボックス理論を注意深く当てはめることが、勝ち組を選ぶために私が知っている唯一の手法だ。そして、これまでのところ、これは非常に役に立っている。

例えば、最近の取引で私のボックス理論とストップロス注文は非常に役に立った。その銘柄とは力強い上昇をしたコントロール・データ（ＣＤ）だった。

一九六三年四月になって、この銘柄の出来高も株価も大幅に上がる兆しがあることに気づいた。この年の安値は三六ドルだった。それが五月上旬には五一・二五ドルまで上昇していた。Ｓ＆Ｐのリストで調べると、前年の一九ドルの安値から上昇し続けていると分かった。そして、今は五二ドルを付けていて、史上最高値にあと少しで届くところだった。

この銘柄は勝ち組になりそうだったので、詳しく追いかけるべきだったが、残念なことに二～三週間、仕事でパリに行かなければならず、そのほかのことでも忙しかった。

パリから戻ったとき、コントロール・データは前の天井をすでにブレイクして、着実に上げ続けていた。この上昇がどこまで続くか知る方法はないので、横ばいをして新しいボックスの天井が形成されるまで待つしかなかった。

買い時だと思ったとき、私は六三ドルで五〇〇株を買うために逆指値注文を出して、現在の天井と見なした水準よりもわずか下の六二・五ドルにストップロス注文を置いた。

六月二五日に私のブローカーから次の電報を受け取った。

「CD　五〇〇カブ　ストップ　六三　カッタ。五〇〇カブ　ストップロス　六二・五　ウッタ」

その日の株価は反落する前に六三・七五ドルの高値を付けていた。この下げは一時的だと確信して、私は再び買い注文を出した。そして、またストップロスに引っかかった！　し

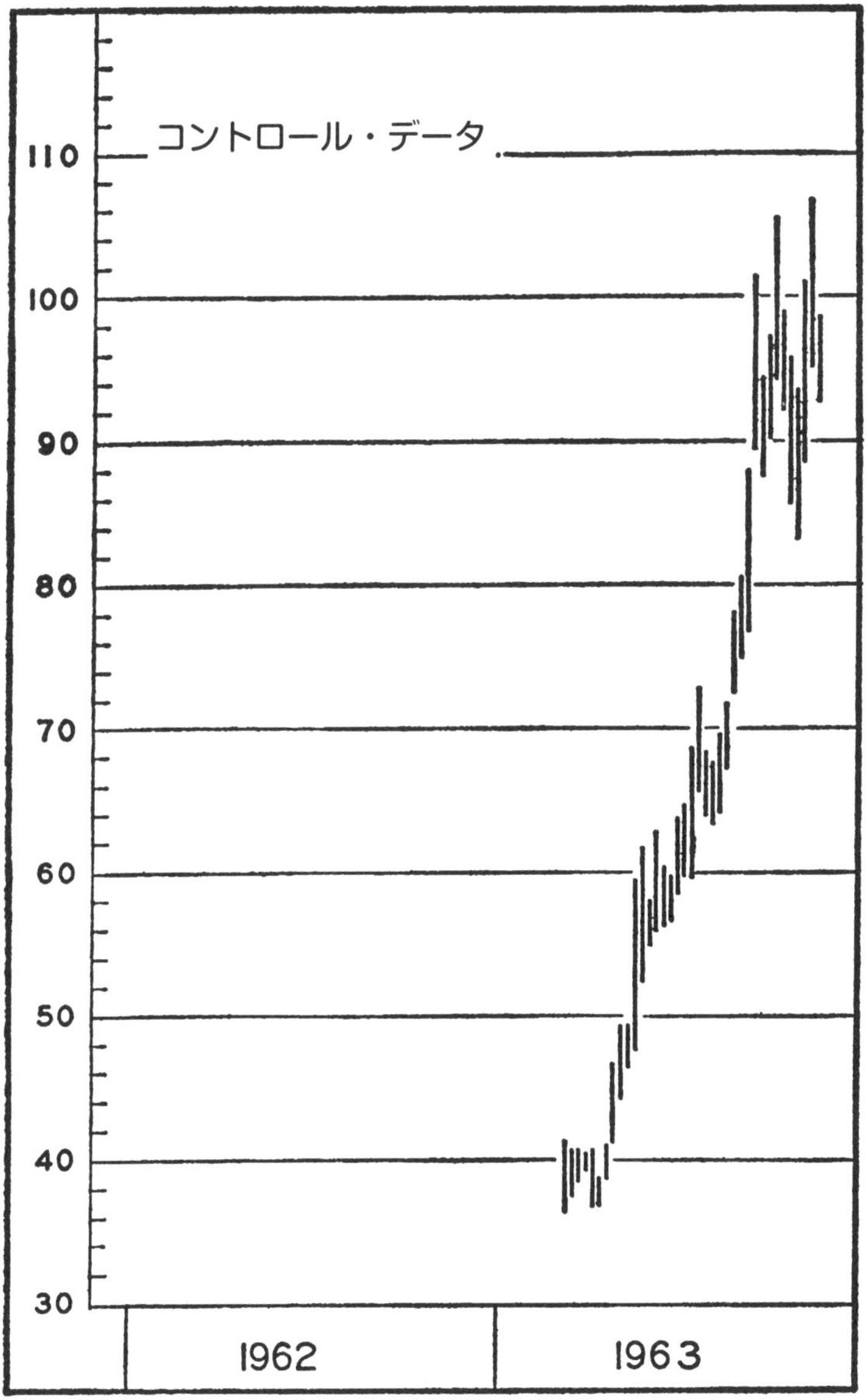
コントロール・データ
110
100
90
80
70
60
50
40
30
1962
1963

かし、今回の下げはさらに短かった。私がふるい落とされた一回目の売りのあと、株価はすぐに上げた。私の判断は間違いなく正しいと考えて、この銘柄にこだわることに決めた。

ブローカーからの七月五日夜の電報は次のとおりだった。


「CD　五〇〇カブ　ストップ　六五・八七五　カッタ」


そのあとに、終値は六八・五ドルだと知らせていた。この日の高値である六八・六二五ドルを付けたあと、本格的に動き出した。金曜日の終値は六八・六二五ドルだった。月曜日には七一ドルを超えて、天井はまだ見えなかった。

私はこの銘柄をうまく売ることができた。そして、答え――おそらく、賭け事に対する一つの手法――を発見したと確信した。百パーセント確実と言えるだろうか。それはない。しかし、私にとっては最も良い手法だった。

私は自分に不利なカジノに入り、ディーラーや予想屋やクルーピエ（お金を配分する係）でいっぱいの場所で彼らに見つめられるなか、騒ぐこともなく静かにプレーをして、あまり勝つことはなかった……。それでも、私は勝ちをつかめると分かっていた。

ウォール街は万人向きの場所ではない。そこは負ける余裕がない人には間違いなく向いていない。損をする余裕がなければ、カジノもウォール街も私の立ち入る場所ではない。ウォール街は慈善事業を行う組織ではない。私はラスベガスのカジノに入るときのように、状況をしっかりと把握してからウォール街というカジノに入る。私は周囲のおしゃべりを無視して値動きを見る。そして、勝負をする。

■著者紹介

ニコラス・ダーバス（Nicolas Darvas）

ショービジネスの世界で最もギャラの高いペアダンサーの１人。幾多の苦労の末、マーケットの上昇や下落に関係なく機能するボックス理論を構築し、株式市場で200万ドル以上の利益を上げて資産家になった伝説の人物。著書に『私は株で200万ドル儲けた』（パンローリング）などがある。

■監修者紹介

長尾慎太郎（ながお・しんたろう）

東京大学工学部原子力工学科卒。北陸先端科学技術大学院大学・修士（知識科学）。日米の銀行、投資顧問会社、ヘッジファンドなどを経て、現在は大手運用会社勤務。訳書に『魔術師リンダ・ラリーの短期売買入門』『新マーケットの魔術師』など（いずれもパンローリング、共訳）、監修に『高勝率トレード学のススメ』『ラリー・ウィリアムズの短期売買法【第２版】』『コナーズの短期売買戦略』『続マーケットの魔術師』『続高勝率トレード学のススメ』『システマティックトレード』『株式投資で普通でない利益を得る』『市場ベースの経営』『世界一簡単なアルゴリズムトレードの構築方法』『ハーバード流ケースメソッドで学ぶバリュー投資』『システムトレード検証と実践』『ウォール街のモメンタムウォーカー【個別銘柄編】』『マーケットのテクニカル分析』『ブラックエッジ』『プライスアクション短期売買法』『インデックス投資は勝者のゲーム』『新訳 バブルの歴史』『株式トレード 基本と原則』『企業に何十億ドルものバリュエーションが付く理由』『ディープバリュー投資入門』『デイトレードの基本と原則』『ファクター投資入門』『ティリングハストの株式投資の原則』『経済理論の終焉』『トレンドフォロー大全』など、多数。

■訳者紹介

山口雅裕（やまぐち・まさひろ）

早稲田大学政治経済学部卒業。外資系企業などを経て、現在は翻訳業。訳書に『フィボナッチトレーディング』『規律とトレンドフォロー売買法』『逆張りトレーダー』『システムトレード　基本と原則』『一芸を極めた裁量トレーダーの売買譜』『裁量トレーダーの心得　初心者編』『裁量トレーダーの心得　スイングトレード編』『コナーズの短期売買戦略』『続マーケットの魔術師』『アノマリー投資』『シュワッガーのマーケット教室』『ミネルヴィニの成長株投資法』『高勝率システムの考え方と作り方と検証』『コナーズRSI入門』『３％シグナル投資法』『成長株投資の神』『ゾーン　最終章』『とびきり良い会社をほどよい価格で買う方法』『株式トレード　基本と原則』（パンローリング）など。

2019年4月3日　初版第1刷発行

ウィザードブックシリーズ276

金融市場はカジノ
――ボックス理論の神髄と相場で勝つ方法

著　者　ニコラス・ダーバス
監修者　長尾慎太郎
訳　者　山口雅裕
発行者　後藤康徳
発行所　パンローリング株式会社
〒160-0023　東京都新宿区西新宿7-9-18　6階
TEL 03-5386-7391　FAX 03-5386-7393
http://www.panrolling.com/
E-mail　info@panrolling.com
編　集　エフ・ジー・アイ（Factory of Gnomic Three Monkeys Investment）合資会社
装　丁　パンローリング装丁室
組　版　パンローリング制作室
印刷・製本　株式会社シナノ

ISBN978-4-7759-7245-8

ウィザードブックシリーズ 245

新装版 私は株で200万ドル儲けた

定価 本体1,500円+税　ISBN:9784775972144

多くの熱い読者からの要望で新装版で復刊！

今なお読み継がれ、今なお新しい株式投資の名著。業界が震撼したボックス理論！ 個人投資家のダンサーがわずかな資金をもとに株式売買で200万ドルの資産を築いた「ボックス投資法」。本書は、株式市場の歴史に残る最も異例で、輝かしい成功物語のひとつである。ダーバスは、株式市場の専門家ではなく、世界中を公演して回るような、ショービジネス界の世界では最も高いギャラを取るダンサーだった。しかし、株式売買の世界に足を踏み入れ、世界中から電報や郵便などの通信手段を駆使して、百万長者の数倍もの資産を築いた。

ウィザードブックシリーズ 246

リバモアの株式投資術

定価 本体1,500円+税　ISBN:9784775972151

リバモア自身が書いた唯一の相場書
順張りの極意が待望の復刊

20世紀初頭、トレードの世界で大勝利と破産を繰り返した相場師ジェシー・リバモア。リバモアは、厳しく徹底したルールを自らに課し、外からの情報には一切流されず、自身の分析のみで相場に挑む孤高の相場師であった。何年もかかって独力で作り上げた投機のルールとそれを守る規律だけでなく、破産に至った要因、その分析と復活を成し遂げた軌跡は、その後の多くの投資家・トレーダーたちに大きな影響を与えた。リバモアを知りたければ、まずは本書を手に取るべきだろう。

ウィザードブックシリーズ 10

賢明なる投資家

定価 本体3,800円+税　ISBN:9784939103292

市場低迷の時期こそ、威力を発揮する「バリュー投資のバイブル」。日本未訳で「幻」だった古典的名著の改訂第4版がついに翻訳

ウォーレン・バフェットが師と仰ぎ、尊敬したベンジャミン・グレアムが残した「バリュー投資」の最高傑作！ 株式と債券の配分方法、だれも気づいていない将来伸びる「魅力のない二流企業株」や「割安株」の見つけ方を伝授する。

ウィザードブックシリーズ 75

狂気とバブル

定価 本体2,800円+税　ISBN:9784775970379

「集団妄想と群衆の狂気」の決定版！

昔から人は荒唐無稽な話にだまされ、無分別なヒステリー症にかかってきた！「いつの時代にも、その時代ならではの愚行が見られる。それは陰謀や策略、あるいは途方もない空想となり、利欲、刺激を求める気持ち、単に他人と同じことをしていたいという気持ちのいずれかが、さらにそれに拍車を掛ける」――著者のチャールズ・マッケイは1841年にこう述べている。当時は確かにそうだった。しかし、1980年代後半の日本の株式市場や2000年のアメリカ株式市場のITバブルを見れば、現代も間違いなくそうだろう。

ウィザードブックシリーズ 264

新訳 バブルの歴史

定価 本体3,800円+税　ISBN:9784775972335

「バブル」という人間の強欲と愚行と狂気を描いた古典！

本書は17世紀から現在に至るまでの株式市場における投機の歴史を生き生きと描き出したほかに類を見ない魅力的な書である。金メッキ時代から狂騒の1920年代、19世紀の鉄道狂時代から1929年のウォール街大暴落、日本のバブルであるカミカゼ資本主義、現代の情報時代に生まれたデイトレーダーまで、いつの時代にも存在した、またこれからも存在するであろう人間の飽くなき強欲と愚行と狂気の結末を描いた興味深い1冊！

ウィザードブックシリーズ 238

株式投資で普通でない利益を得る

定価 本体2,000円+税　ISBN:9784775972076

成長株投資の父が教える
バフェットを覚醒させた20世紀最高の書

バフェットが莫大な資産を築くのに大きな影響を与えたのが、成長株投資の祖を築いたフィリップ・フィッシャーの投資哲学だ。10倍にも値上がりする株の発掘法、成長企業でみるべき15のポイントなど、1958年初版から半世紀を経ても、現代に受け継がれる英知がつまった投資バイブル。